Jan Keupp · Jörg Schwarz
Konstanz 1414–1418

Jan Keupp · Jörg Schwarz

Konstanz 1414–1418

Eine Stadt und ihr Konzil

Inhalt

II. Konstanz zur Zeit des Konzils
(Jan Keupp)

Anhang

Unter einem goldenen Baldachin, getragen von
vier Bürgern der Stadt, zieht Papst Johannes XXIII.
zu Beginn des Konzils in Konstanz ein.

Ein Konzil – Was ist das?

Der Gegenstand dieses Buches ist ein Konzil, das große Konzil, das in den Jahren 1414–1418 in der Stadt Konstanz am Bodensee stattfand. Ein vierjähriges, schon durch seine schiere Dauer auffallendes Ereignis, das Geschichte machte, in Konstanz selbst und weit über die Grenzen der Stadt hinaus. Ein Ereignis nicht nur der städtischen oder der Kirchen-, sondern eines der gesamten europäischen Geschichte, ein Weltereignis, ohne Übertreibung, zumindest dann, wenn man – was zu Beginn des Zeitalters der großen Entdeckungen gerade noch gerechtfertigt sein mag – den europäischen Erdteil aus der Sicht der Europäer als „Welt" bezeichnen will. Doch ein „Konzil" – was ist das überhaupt? Was bedeutet der Begriff? Wo kommt er her? Damit wollen wir beginnen.

Der Begriff „Konzil" kommt aus dem Lateinischen (*concilium*). Er hat – wie so viele andere Begriffe dieser europäischen Großmuttersprache, die ja so streng haushälterisch denkt und in der ein Wort sowohl für eine Sache selbst wie auch für das glatte Gegenteil davon stehen kann – mehrere Bedeutungen. *Concilium* bedeutet zunächst einmal ganz allgemein „Versammlung", „Kreis" oder „Schar", wer immer sich hier versammeln, einen Kreis bilden oder als „Schar" auftreten mag. In einem enger gefassten Sinne bezeichnet der Begriff eine politische Versammlung – im Grunde sind wir der von uns gesuchten Bedeutung schon ganz nahe –, vor allem die römische Senatsversammlung oder -sitzung oder aber auch die Tributkomitien der *plebs*, der einfachen Leute Roms also, die nicht im Senat zusammenkommen durften. Rom barg bekanntlich eine Welt, war sie aber nicht als solche, und außerhalb der Stadt konnte der Begriff auch für „Landtag“ oder „Bundestag“ stehen. Und wenn die römischen Dichter, die Poeten des Weltreichs die Vokabel gebrauchten, dann mochten sie sie auch im Sinne einer „Vereinigung“ oder einer „Verbindung“ verwenden.

Nun aber sind wir endgültig am Zuge; denn das Latein als die neben dem Griechischen wichtigste ältere Sprache unseres Kontinents überdauerte bekanntlich das Ende des Römischen Reiches im Westen und bestand weiter – dies ein Begriff der Fachleute – als *Mittellatein*, als das Latein des Mittelalters. Und hier nimmt der Begriff, und zwar sehr früh schon im Mittelalter, im Grunde noch in der Antike, jene Bedeutung an, die die unsrige werden wird, nämlich im Sinne einer Versammlung der Kirche, der organisierten christlichen Kirche, die sehr schnell schon merkte, dass das gemeinschaftliche Leben unter dem Dach ihrer Religion sich nicht von selbst regeln ließ, sondern dass man sich versammeln und sich beraten und dass man auf diesen Versammlungen und Beratungen und durch diese ordnen und entscheiden, bestätigen und strafen muss.

Die beherrschende Gestalt der frühen Konzilien der Kirche war zunächst nicht der Papst, sondern der Kaiser, genauer gesagt der oströmische Kaiser, und zwar noch bevor er seit 476 für mehrere Jahrhunderte der einzige Kaiser war, den es in Europa (und Asien) geben sollte. Es war der Kaiser, der das Konzil einberief, es durch seine Beamten leiten ließ und sich um die Verwirklichung seiner Beschlüsse kümmerte. Seit 1054 gingen West- und Ostkirche, gingen der Papst in Rom und der Patriarch in Konstantinopel endgültig getrennte Wege. Und nachdem die westliche Kirche ebenfalls ungefähr in dieser Zeit mit eben diesem Papst an der Spitze einen ungeheuren Aufschwung in Selbstverständnis und Selbstbewusstsein genommen hatte, begann der Papst, die Versammlungen seiner römischen Kirche zu Versammlungen auszubauen, die eine übergeordnete, eine „universelle“ Gültigkeit besitzen sollten.

„Konzil“ ist – selbst in dem ins Auge gefassten engeren Sinne des mittelalterlichen Latein – nie gleich „Konzil“ gewesen. Oder wenigstens in den seltensten Fällen. Über das, was ein Konzil ist, haben sich viele die Köpfe zerbrochen, die Kirchenrechtler, die Verfasser der Streitschriftenliteratur in den großen Kontroversen zwischen Papst und Kaiser, die Protagonisten der theologischen Debatten zwischen West- und Ostkirche sowie – wir rücken noch einmal ganz eng an unser Thema heran – die unterschiedlichen Parteien in der großen Kirchenspaltung des Abendlandes um 1400. Einer einfachen Aufteilung zufolge lassen sich die *Universalkonzilien* der geeinten Kirche von denen der Westkirche unterscheiden. Damit hätte man zum Beispiel das von Kaiser Konstantin dem Großen (306–337) einberufene Konzil von Nicäa von 325 mit seinem berühmten Glaubensbekenntnis, das für die West- und Ostkirche gleichermaßen Gültigkeit besitzt, etwa von dem III. Laterankonzil von 1179, in dem es nur um westkirchliche Belange ging, sinnvoll abgegrenzt.

Noch nichts gesagt ist damit freilich über die Vielfalt der Konzilien in der Westkirche selbst. Folgt man den Kirchenrechtlern des Hochmittelalters, dann lassen sich drei Arten (*genera*) von Konzilien auseinanderdividieren: zum einen die *Generalkonzilien*, zum zweiten die *Provinzialkonzilien* sowie drittens die *Diözesansynoden*. Möglich – und durchaus nicht unsympathisch, wenn man Vereinfachungen für ein erlaubtes Mittel der Erklärung hält – ist aber auch die Zusammenfassung dieser drei Gruppen in zwei, die dann, um verständlich zu bleiben, freilich weiter aufgeschlüsselt werden müssen: zum einen in die Gruppe der *Universal-* oder *Generalkonzilien*, zum anderen in jene der *Partikularsynoden*, die wiederum in den Bereich der Partikularsynoden selbst sowie in jenen der *Bischofssynoden* zerfällt. Das, was wir mit Konstanz 1414–1418 ins Auge fassen wollen, wäre somit ein Universal- oder Generalkonzil, eine Versammlung, die Gültigkeit für die gesamte westliche Kirche beanspruchte, wenngleich der Osten aus den Geschäften des Konzils keineswegs ausgeblendet werden kann, was sowohl die Anwesenheit hochrangiger Würdenträger als auch die das Konzil beschäftigende Frage nach der „Griechenunion“, also der Vereinigung mit der Ostkirche, bezeugt.

Die Probleme des Themas sind hiermit aber noch längst nicht alle beseitigt – sie fangen im Grunde jetzt erst richtig an. Wer muss auf einem Konzil anwesend sein, damit es als Konzil gelten kann? Ist die Anwesenheit eines Papstes Grundvoraussetzung? Welchen Willen repräsentiert es – den des Papstes oder den der Gesamtkirche? Wie weitreichend dürfen seine Entscheidungen sein? Kann ein Konzil irren? Ist es unfehlbar? Mit all diesen Fragen sind wir mitten im Konstanz der Jahre 1414–1418 angelangt.

Oddo Colonna ist als Martin V. zum Papst gewählt, 11. November 1417. Die Papstwähler verlassen das Konklave.

I. Der politische und kirchliche Rahmen

Fülle, Vielfalt und Buntheit – Die Zeit, in der das Konzil stattfand

Europa zu Beginn des 15. Jahrhunderts. Nein, keine Zeit der großen, allumfassenden Krisen oder gar „der“ Krise des Spätmittelalters. Keine Zeit des allgemeinen Verfalls oder des Niedergangs, vielleicht – obwohl das verfängliche Bild einen immer noch in seinen Bann schlägt – nicht einmal ein „Herbst des Mittelalters“, denn vieles war noch lange nicht zu Ende, und wo war der Winter, der dieser Jahreszeit hätte folgen müssen? Nur eine am Machtgedanken ausgerichtete Sicht des 19. und 20. Jahrhunderts auf eine – in Deutschland, aber auch anderswo – seit etwa 1370 ganze Reihe vermeintlich schwacher, abgesetzter oder permanent absetzungsgefährdeter Könige, die sich offensichtlich nur allzu sehr von den Heroen vergangener Jahrhunderte unterschieden, konnte dieser Sicht verfallen. Nur verallgemeinernde Überblicke, die einzelne lokale Befunde, die Geißlerzüge und Judenverfolgungen, Pestkatastrophen und Hungerwellen, Endzeiterwartungen und apokalyptische Prophetien immer gleich ins räumlich Übergreifende, ins zeitlich über Jahrzehnte oder Jahrhunderte Gestreckte ausdehnen wollten, ließen eine solche Meinung sich formen. Stattdessen dominiert beim heutigen Blick auf die Epoche das Bild einer Fülle, ja Überfülle der Gedanken und Bewegungen, des Handelns und des Planens, der Widersprüche und schroffen Gegensätze, ein Zeitalter jedenfalls, in dem neben den unausgesetzten Bedrohungen des menschlichen Lebens für den gewohnten Gang des Alltags und Unaufgeregtheit, für Gelingendes und Zukunftsweisendes genügend Raum blieb.

Europa zu Beginn des 15. Jahrhunderts – wir müssen noch einmal ansetzen. Ist der Krisenbegriff als übergeordnetes Zeichen der Zeit weitgehend untauglich geworden, so scheint er dennoch bei einer Institution angemessen zu bleiben, ja, vielleicht ist sie die einzige überhaupt, für die der Begriff überhaupt noch zulässig ist: bei der Kirche. Deren Situation schien damals – zumindest an ihrer Spitze – auf eine ziemlich hoffnungslose Weise verfahren.

Drei Päpste führten die westliche Christenheit an und rangen um Anerkennung. Bis 1409 waren es „nur" zwei Päpste gewesen, in Rom seit 1406 der gebürtige Venezianer Angelo Correr als Gregor XII. († 1417), in Avignon seit 1394 der Aragonese Pedro de Luna als Benedikt XIII. († 1423). Pedro de Luna, der von sich bis zum Schluss überzeugte, stolze, sture Spanier und Angelo Correr, der damals bereits Hochbetagte, ein Mann von ebenso großer Schlichtheit wie von schwankendem Charakter – beide standen nicht am Anfang der Kirchenspaltung, zumindest nicht als Päpste. Hervorgegangen war das Schisma vielmehr aus einer Konstellation des 14. Jahrhunderts, in der die Päpste, die ja eigentlich in der Tiberstadt, bei den Apostelgräbern, ihre angestammte, durch eine jahrhundertelange Tradition vorgegebene Residenz hatten, in eine Art Anhängigkeit vom französischen König geraten und 1309 nach Avignon umgesiedelt waren.

Die Päpste in Avignon

Das *Avignonesische Exil*, wie man es in Anlehnung an die einstige Gefangenschaft der Juden in Babylonien pathetisch genannt hat, währte fast volle siebzig Jahre. Eine Reihe markanter Persönlichkeiten haben in der Rhône-Stadt auf dem Papstthron gesessen, unter anderem der listige Jakob von Cahors als Johannes XXII. († 1334), der Sohn eines Schuhmachers. Als alter Mann von den Kardinälen als Übergangspapst gewählt, hat er fast zwei Jahrzehnte machtvoll und selbstbewusst regiert. Aus deutscher Sicht ist er vor allem als der große Gegenspieler des römisch-deutschen Königs und Kaisers Ludwigs des Bayern († 1347) in die Geschichte eingegangen: Beide lieferten sich den letzten großen Zweikampf im scheinbar ewigen Ringen zwischen Kaisertum und Papsttum. Aber auch Jacques Fournier als Benedikt XII. († 1342), der ehemalige Bischof von Pamiers und gefürchtete Inquisitor in den abgelegenen, noch dem Albigensertum verhafteten Dörfern der Pyrenäen, über dessen Tätigkeiten wir durch minutiöse Protokolle genauestens unterrichtet sind. Oder Peter von Fécamp als Clemens VI. († 1352), der Jugendfreund Kaiser Karls IV. († 1378); früh hatten sich beide ihre Karriere – Papst und Kaiser – gegenseitig vorausgesagt.

Immer fester schien sich die Kurie – so als hätte es nie eine Stadt namens Rom gegeben – in Avignon zu verwurzeln. Der Verwaltungsapparat war gigantisch. Unmengen an Schriftgut, an Registern und Kammerakten, die noch heutige Historiker, wenn sie über diesen Materialien brüten, schier verzweifeln lassen, wurden produziert, und auch wenn Produktivität noch kein Wert an sich ist, glich das Ganze nur wenig einem Provisorium. In der Stadt wurde ein gewaltiger Papstpalast errichtet – riesige Säle, endlose Fluchten, meterdicke Mauern. Der Palast schien gebaut zu sein als Monument für die Ewigkeit. War das alles nur noch eine Übergangslösung? Wollte man überhaupt wieder zurück? Musste man zurück? Und während Rom zu dieser Zeit als Stadt verfiel, die Pilger weitgehend ausblieben, Büsche und Gestrüpp die Pfade auf dem unbewohnten Gelände innerhalb des viel zu weit gewordenen Rings der Aurelianischen Mauern überwucherten und die Balken in den Kirchen morschten, wuchs die Metropole an der Rhône zu einer der größten Städte des Okzidents heran. Der natürliche Magnetismus der Kurie, der so gut wie immer die Kräfte anzieht, der die Petenten wenigstens zeitweise an sich bindet und für Organisation und Struktur sorgen muss, begann zu greifen. Avignon jedoch blieb ohne eigene Idee; es funktionierte nur. Ein religiöser Mittelpunkt war hier nicht zu schaffen; es fehlte alles, was dazu notwendig war. Rom blieb Rom, die Ewige, die unvergleichliche Stadt – auch als die Stadt der Päpste.

Vom Avignonesischen Exil zum Großen Abendländischen Schisma

Von Katharina von Siena († 1380) und Birgitta von Schweden († 1373) gedrängt und durch zwei umfassende Legationen des kastilischen Kardinals Aegidius Albornoz († 1367) vorbereitet, kehrte Gregor XI. (Papst seit 1370) 1377 nach Rom zurück. Keine Rückkehr im Triumph – im Gegenteil, Probleme häuften sich über Probleme. Als er bereits ein Jahr darauf in Rom verstarb, wählten die Kardinäle am 8. April 1378 Bartolomeo Prignano, den Erzbischof von Bari, als Urban VI. († 1389) zum Papst. Die Wahl war chaotisch. Römer, in das Konklave eingedrungen, forderten einen italienischen Papst, den ihnen das französisch majorisierte Kolleg in der Gestalt Prignanos schließlich zu gewähren schien. Unerbittlich allerdings ging Urban noch in den ersten Wochen seines Pontifikats gegen die Franzosen vor. Er verdammte ihren Lebensstil, hielt ihnen – scharf und schneidend – ihre Verfehlungen vor, erweiterte das Kardinalskolleg primär um Italiener. Alte, nie verheilte Gegensätze brachen wieder auf, Italiener gegen Franzosen, Franzosen gegen Italiener, die Romanen untereinander mochten sich nicht. Einige französische Kardinäle flohen aus Rom. Urban, eben noch von ihnen ins Amt gebracht, wurde für amtsunfähig erklärt; in Fondi wählte man noch im September desselben Jahres den französischen Kardinal Robert von Genf als Clemens VII. († 1394) zum neuen Papst. Natürlich kehrte Clemens nach Avignon zurück.

Nach dem *Avignonesischen Exil* nun also das *Große Abendländische Schisma*; nachdem 1054 eine Spaltung die Christenheit endgültig in eine West- und eine Ostkirche zerteilt hatte, zerspaltete sich die westliche Christenheit nun selbst. Jeder der beiden Päpste – der römische und der avignonesische – verfügte über bestimmte Stützpunkte, über Obödienzen, auf die er sich zumindest einigermaßen verlassen konnte. Der in Avignon residierende Clemens VII. wurde von Frankreich, Neapel, Schottland und Spanien anerkannt. Italien, England, die skandinavischen Länder, Polen, Ungarn und das Reich hingegen betrachteten Urban VI. als ihr geistliches Oberhaupt, als ihren, den einzig wahren Papst.

Die Gefolgschaft des römischen Papstes erstreckte sich indessen nicht über das gesamte Reich. So waren zum Beispiel nicht nur die romanischen Teile im Westen des Reiches, sondern auch weite Teile des Oberrheins nach Avignon ausgerichtet. Herzog Leopold III. von Österreich († 1386), der bei der Schlacht von Sempach sein Leben ließ, avancierte zum mächtigen Beschützer Clemens' VII. Für Avignon sprachen sich ferner Markgraf Bernhard I. von Baden sowie Graf Eberhard II. von Württemberg aus. Dezidierte Anhängerschaft Avignons im deutschen Südwesten gab es auch in den niederen Rängen – etwa beim Lorcher Benediktiner Nikolaus Vener und dessen Bruder Reinbold († 1408), dem Offizial der Stadt Straßburg. Erst später wird die gesamte Familie eine Kehrtwendung vornehmen und sich die römische Gesinnung anheften.

Die Gemengelage im Südwesten: Die vorderösterreichischen Städte Freiburg im Breisgau und Neuenburg gehörten noch 1409 zum avignonesischen Einflussbereich; Freiburg wurde sogar zeitweilig zum Stützpunkt der päpstlichen Legaten und zum Sitz der Verwaltung des Bischofs von Konstanz, der nach Avignon hin ausgerichtet war. Das Bistum Konstanz ist ein geradezu klassisches Beispiel der Zerrissenheit einzelner Landschaften: Die Klöster St. Gallen und St. Georgen gehörten der römischen Obödienz an; zumindest anfänglich bekannten sich die Städte Aarau, Baden, Schaffhausen, die Klöster St. Blasien, St. Ulrich, St. Urban und Gnadenthal sowie etliche andere zu Avignon. Im benachbarten Bistum Basel stritten sich eine Zeit lang zwei unterschiedlich ausgerichtete Prätendenten um die Vorherrschaft – mit umfassenden Verwerfungen bis in die Diözese.

Schwer zu sagen, inwiefern das Schisma die Zeitgenossen im Allgemeinen wirklich belastet oder gar aufgerieben hat. Es war ja keineswegs das erste Schisma der Kirchengeschichte. Im Gegenteil: Spaltungen, Abtrennungen und Aufteilungen waren immer schon ein Teil ihrer Erscheinung. Und längst waren auch Verdammungen und Verfluchungen, waren Interdikt und Exkommunikation gewöhnlich geworden, hatten die einst so gefürchteten Waffen durch übermäßigen Gebrauch viel von ihrem Schrecken verloren. Wenn ein Pfarrer vor Ort die Messe las, wenn die zentralen Stationen des Lebens von geistlichem Beistand begleitet blieben, mochte man das Schisma kaum merken, dann blieb es ein Spezialproblem für die oberen Ränge.

Anders sah es hingegen aus, wenn zusammengehörige Landschaften, wenn Bistümer und Städte als solche von der Spaltung betroffen waren, und sicherlich war es nicht nur blinder Formelkram, wenn ein Zeitgenosse klagte:

> „Ein Reich kam über das andere, eine Landschaft gegen die zweite, der Klerus kämpfte gegen den Klerus, Doktoren gegen Doktoren, Eltern erhoben sich gegen die Söhne und Söhne gegen die Eltern."

Die Jahre vergingen, die alten Päpste starben, neue wurden gewählt. Ja, das Schisma war „groß" – aber hauptsächlich aufgrund seiner Dauer, seiner zeitlichen Ausdehnung, die nicht enden zu wollen schien. Es wirkte ausgehämmert wie auf Jahrhunderte. Eine Generation wuchs auf, ohne etwas anderes als den Zustand der Teilung gekannt zu haben. 1406/7 kam unerwartet Bewegung ins Spiel. In Frankreich, bislang Benedikt XIII. untertänig, forderten Synoden die alten Freiheiten der Kirche des Landes zurück und erklärten sich in der Schismafrage für neutral. Durch die Ermordung des Herzogs von Orléans († 1407), bisheriger Höhepunkt in einem Machtkampf zweier Familien um die Vorherrschaft im Land, verlor der avignonesische Papst zudem seinen großen Förderer. Benedikts Front bröckelte.

Aufgipfelung und Widerstand

Wer den Weg zum „Pisanum", zum allgemeinen Konzil, das für den 25. März 1409 in Pisa einberufen wurde, schließlich beschritt, war freilich nicht Benedikt, auch nicht Gregor XII., es waren die Kardinäle. Insgesamt 13 von ihnen waren in diesem Sinne zusammengekommen. Getragen hatte sie dabei der Gedanke, dass in Zeiten der Not, der kirchlichen Krise das Berufungsrecht auf sie, die Kardinäle, übergehen konnte. Der Gedanke, kühn und abenteuerlich auf den ersten Blick, war keine Ausgeburt übertrieben selbstbewusster Purpurträger. Im Gegenteil: Er war alt, ganz alt. Im Grunde geht er zurück auf das Apostelkonzil, jene zwischen 44 und 49 nach Christus in Jerusalem zustande gekommene Zusammenkunft der Jerusalemer Urgemeinde mit Paulus von Tarsus und seinen Begleitern. Dieses korporative, also körperschaftliche, nicht nur auf die Spitze, das Haupt bezogene Prinzip hatte streng genommen in der Kirche immer seinen Platz gehabt, war jedoch durch die historischen Entwicklungen des hohen Mittelalters systematisch an den Rand gedrängt worden.

Eine Reihe unterschiedlichster Ansätze und Vorprägungen aufnehmend, hatte sich seit dem 11. Jahrhundert zunehmend ein „monarchisches Papsttum" herausgebildet – in Gedanken, Worten und Taten. Bereits in dem berühmten, wenn auch in seinen genauen Absichten umrätselt bleibenden *Dictatus papae* Papst Gregors VII. (1073–1085) standen Sätze zu lesen wie: „Dass allein der römische Bischof mit Recht ‚allgemein' genannt werde" oder „Dass allein der römische Bischof Bischöfe absetzen und wieder einsetzen kann" oder „Dass die wichtigen Streitfragen in jeder Kirche an den römischen Bischof übertragen werden müssen". Das aber war nur der Anfang, die Entwicklungen gingen weiter. „Der wahre Kaiser ist der Papst" – so lautet beispielsweise ein Zitat aus dem 12. Jahrhundert, das sich in der sogenannten *Summa Parisiensis*, einem im Paris um 1160/1170 verfassten kirchenrechtlichen Werk, findet, und es gab zahlreiche Päpste, die danach zu handeln schienen – nach innen wie nach außen. Immer mehr schien sich der Papst wie ein absoluter Monarch zu gerieren, mit fast uneingeschränkten Machtansprüchen in kirchlichen wie in weltlichen Angelegenheiten.

> „Ich bin über das Haus Gottes gesetzt, damit meine Stellung alles überrage. Mir ist gesagt vom Propheten: Ich will dich über Völker und Königreiche setzen. Von mir heißt es beim Apostel: ich will dir des Himmelreichs Schlüssel geben. Der Knecht, der über das ganze

Haus gesetzt wird, ist der Stellvertreter Christi; er ist in die Mitte gestellt zwischen Gott und den Menschen, geringer als Gott, aber größer als der Mensch."

So predigte Papst Innozenz III. (1198–1216) an seinem Weihetag dem römischen Volk, und diese Gedanken standen bei ihm, der gegen innerkirchliche Rebellen wie gegen widerspenstige europäische Herrscher von Rang ein hartes Regiment verfocht, keineswegs allein.

Die umfassendste Begründung päpstlicher Weltherrschaft lieferte Bonifaz VIII. (1294–1303) mit seiner Bulle *Unam sanctam* von 1302, geschrieben mitten in scharfen Auseinandersetzungen, die sich der Gaetani-Papst mit dem kaum minder selbstbewussten französischen König Philipp IV., dem Schönen (1285–1314), lieferte:

„Wir sind, vom Glauben getrieben, zu bekennen und daran festzuhalten gezwungen, dass es nur eine einzige heilige katholische und apostolische Kirche gibt. (...) Nun aber erklären wir, sagen wir, setzen wir fest und verkündigen wir: Es ist zum Heile für jegliches menschliche Wesen durchaus unerlässlich, dem römischen Papst unterworfen zu sein."

Auch wenn die Bulle weniger originell ist, als man früher glauben wollte, sondern sich aus einer Reihe bereits andernorts verwendeter Gedanken zusammensetzt, stellt sie in ihrer Verschmelzung des Materials doch einen Höhepunkt dar. Einmalig war auch der Versuch des Papstes, das alles auch in praktische Politik umzusetzen.

Überragt und unterworfen, nimmt man alle diese Sätze ernst, wurden dadurch nicht nur Kirche und Welt als bloße Abstrakta, überragt und unterworfen wurden dadurch vor allem auch die Kardinäle, die seit dem 11. Jahrhundert ebenfalls immer selbstbewusster geworden waren. Als eine innerkirchliche Möglichkeit, mit den Mitteln des Rechts den monarchischen Anspruch des Papstes zu knacken, erwies sich dabei ein Satz aus einer in der ersten Hälfte des Jahrhunderts von dem Bologneser Gelehrten Gratian († vor 1160) zusammengestellte

Rechtssammlung, das *Decretum Gratiani*, wo der Satz zu lesen stand, dass der Papst von niemandem gerichtet werden dürfe – außer er falle vom Glauben ab. Sofern das aber geschehe, sei der Papst ein Häretiker, ein Ketzer. Und, so konnte man bei einem anderen Kirchenrechtler des 12. Jahrhunderts finden, selbst das Verharren im Schisma, in der widernatürlichen Teilung der Kirche, könne schon als Häresie, derer sich ein Papst schuldig machen könne, ausgelegt werden. Anderes aus diesen oder ähnlichen Arsenalen kam hinzu. So etwa der bekannte Satz Christi „Wo zwei oder drei in meinem Namen versammelt sind, da bin ich mitten unter ihnen“ (Matthäus 18,20). Auf die Versammlungen, die Gemeinschaftlichkeit der Christen kam es also an, nicht auf die Führung durch einen Einzelnen. Oder vor allem auch der aus dem römischen Privatrecht stammende Satz, der auch andere, ähnlich gerichtete Entwicklungen – wie etwa die Entstehung des englischen Parlaments im 13. Jahrhundert – entscheidend beeinflusst hat: „Was alle angeht, muss auch durch alle verhandelt und gebilligt werden.“

Ein weiterer entscheidender Schritt, der noch vollzogen werden musste, um dem konziliaren Gedanken zum Durchbruch zu verhelfen, war die Idee, dass ein allgemeines Konzil die Gesamtkirche vertreten könne – „der Leiter der Kirche“ hingegen, der Papst, nur eine Art Minister, also Diener sei. 1379 schließlich hatten zwei prominente deutsche Theologen, Heinrich von Langenstein († 1397) und Konrad von Gelnhausen († 1390), den Satz formuliert, dass ein allgemeines, die Gesamtkirche vertretendes Konzil Richter über Kardinäle wie Päpste sein dürfe. Beide – Langenstein und Konrad von Gelnhausen – schrieben ihre Auffassungen in Paris nieder. Erst später, 1384, wurde Langenstein nach Wien zur Gründung der theologischen Fakultät für die dortige Universität berufen; Konrad von Gelnhausen hingegen wirkte mit am Aufbau der Universität Heidelberg (1386), wo seine Bücher den Grundstock der dortigen Universitätsbibliothek bildeten. Paris, wo die beiden herkamen, mit seiner berühmten, im 12./13. Jahrhundert erwachsenen Universität war einer der Knotenpunkte des Geistes seit dem hohen Mittelalter, ein Zentrum der Gelehrsamkeit, aber auch – nicht immer ein Widerspruch – der aufrührerischen Ideen.

Kaum zu glauben, was hier alles möglich war: Prozesse der Rationalisierung, Durchbrüche des „Lichtes der Vernunft“, ja im 13. Jahrhundert wagte man es hier bereits, Gottes Existenz zu leugnen. Eine kühne Auffassung gewiss, doch immerhin ausgesprochen. Zwei Pariser Theologen – der Universitätskanzler Pierre d'Ailly († 1420) sowie sein Schüler Jean Gerson († 1429) – führten die Gedanken der beiden Deutschen, Heinrich von Langensteins und Konrads von Gelnhausen, weiter fort. In Italien tat der Kirchenrechtler Francesco Zabarella († 1417) ein Gleiches, ja durch ihn erfuhren sie eine bisher ungeahnte Schärfung und Zuspitzung. Zabarella meinte: Die Gesamtkirche, die nicht irren kann, bilde sich im Generalkonzil ab, diesem gehöre die „Vollgewalt“ sowohl über die Glieder der Kirche als auch über die weltlichen Autoritäten (*plenitudo potestatis*), eine Art Zauberformel, die den Machtanspruch des monarchischen Papsttums begründet hatte.

Das Konzil zu Pisa, der dritte Papst und ein Mann namens Baldassare Cossa

Nun also das Konzil zu Pisa. Erschienen waren fast hundert Erzbischöfe und Bischöfe, daneben viele andere Geistliche. Man kam mit großen Hoffnungen. Auf die alte Zauberformel sollte eine neue, der konziliare Gedanke, antworten. Entschlossen zitierten die Konzilsväter Gregor XII. und Benedikt XIII. als hartnäckige Schismatiker vor die Versammlung, wo sie sich rechtfertigen sollten. Natürlich kamen die beiden nicht. Die Konsequenz wurde am 5. November 1409 ausgesprochen:

> „Die heilige allgemeine Kirchenversammlung, die die ganze Kirche repräsentiert und zu deren Aufgaben es bekanntlich gehört, den vorliegenden Fall zu untersuchen und zu entscheiden, hat sich unter Anrufung des Namens Christi als Gerichtsversammlung konstituiert und erklärt, entscheidet, präzisiert und verkündet gegen Pedro de Luna alias Benedikt XIII. und Angelo Correr alias Gregor XII., die schändlich um die Papstwürde streiten, dass beide überführte Schis-

> matiker waren und sind und erwiesenermaßen die ungeheuerlichen Verbrechen des Meineides und des Bruchs ihrer Gelübde begangen haben. Aus diesen und weiteren Gründen haben sie sich jeder Ehre und Würde, zumal der päpstlichen, unwert gemacht.“

Ein neuer Papst musste her, abgesichert durch den Charakter eines Ökumenischen Konzils, das man sich in Pisa gegeben hatte. Die Kardinäle, die der Meinung waren, sie seien der beiden bisherigen Päpste durch die Absetzung ledig, wählten einstimmig den Franziskaner Petros Philargis aus Candia auf Kreta, einen honorigen Mann mit einer beachtlichen Vita. Nach Studien in Oxford, Paris und Pavia, der Abfassung eines weithin beachteten Sentenzenkommentars wurde Petros maßgeblich aufgrund Betreiben Galeazzo Viscontis, des mächtigen Herrn von Mailand, Bischof von Piacenza (1386), Vicenza (1388), Novara (1389) sowie 1402 – als Krönung seiner bisherigen Laufbahn – Erzbischof von Mailand. Petros, der sich als Papst Alexander V. nannte, hat nur ein Jahr auf der *cathedra Petri* gesessen.

Am 3. Mai 1410 starb er im Kloster S. Maria dei Crociferi bei Bologna – kurz nach dem Besuch eines Gastmahls, das der mit ihm befreundete Kardinaldiakon Baldassare Cossa für ihn dort gegeben hatte. Bald machten Gerüchte die Runde, der Papst sei durch das Essen vergiftet worden. Zumindest kurzfristig haben die Gerüchte Cossa nicht geschadet; denn als Alexanders Nachfolger gewählt wurde genau jener Mann, der davon nachhaltig getroffen werden sollte: Cossa.

Wer war dieser Mann? Eine schillernde Gestalt, die nicht leicht auf eine Formel zu bringen ist! Ein Mann, der das kirchlich-politische Geschehen des nächsten halben Jahrzehnts nachdrücklich prägen sollte, bevor das Geschehen ihn geprägt hat. Ein Renaissancemensch, dessen vielseitige Begabungen sofort hervorstachen, auch wenn – wie Zeitgenossen süffisant bemerkt haben – der geistliche Charakter eher schwach ausgeprägt zu sein schien. Einer, der glänzend reden und perfekt organisieren konnte. Ein Mann, der offensichtlich nie müde wurde, der unerschöpflich schien in seiner Tatkraft und Energie. Ein Mann freilich auch, der überall die Richtung vorgeben wollte und der sicher schien, alles drehe sich immer nur um ihn. Ein Mann, der sich lange Zeit wie ein sicherer Sieger fühlte, bis er hilflos mit ansehen musste, wie furchtbar es ist zu spüren, wie alles entgleitet, was man besitzt.

Wie steigt so einer auf, wie kommt er nach oben? Als Angehöriger eines neapolitanischen Adelsgeschlechts auf der kleinen Mittelmeerinsel Procida geboren, ist über Cossas Jugend nur wenig Gesichertes bekannt. Das Hauptgewerbe seiner Familie scheint – legendenbildend genug – die Piraterie gewesen zu sein. Zwei seiner Brüder endeten dadurch in Kerkerhaft, und natürlich haben spätere Gegner des Papstes nur zu gerne behauptet, auch Baldassare sei an den kriminellen Unternehmungen beteiligt gewesen. Nach einem Studium an der berühmten norditalienischen Universität Bologna kam er unter Papst Bonifaz IX., dem er als persönlicher Kammerherr diente, an die römische Kurie. Mitgewirkt hat er hier unter anderem an der Organisation des Heiligen Jahres, das der Kurie enorme Einnahmen beschert hat, am Pfründengeschäft sowie am Ablasshandel – alles zeittypisch und für einen Kurialen keineswegs außergewöhnlich, doch später wiederholt Anlass zu beißender Kritik.

Baldassare, der sich als Papst Johannes XXIII. nannte, besaß nach dem Pisaner Konzil den größten Anhang in der Christenheit; für viele war er die Zukunft, wenn auch wiederum die Verwerfungen innerhalb eines Landes groß waren. Johannes hing die Mehrheit der Fürsten und Bischöfe Südwestdeutschlands an, die Reichsstädte verhielten sich neutral; zum römischen Papst Gregor XII. bekannte sich der römisch-deutsche König Ruprecht (1400–1410) sowie – außerhalb des Reiches – der König von Neapel. Zu Benedikt hielten Frankreich, Spanien und Schottland. Fürwahr: Eine „verfluchte Dreiheit“ hatte den „verruchten Dualismus“ abgelöst, wie es ein gelehrter Traktat aus der Zeit formulierte. Was konnte noch kommen?

Der neue Plan – Ein Konzil in Konstanz

Wieder einmal sollte eine große Kirchenversammlung alles richten, der konziliare Gedanke war der Gedanke der Zeit. Binnen dreier Jahre, so verkündete Johannes XXIII., solle ein neues Konzil in Rom veranstaltet werden. Rom – die alte Stadt der Päpste. Allein der Name weckte neue Hoffnungen; Hoffnungen auf eine Überwindung der Spaltungen, auf das Ende des dreiköpfigen Ungeheuers.

Doch der ins Auge gefasste Ort erwies sich als ganz unrealistisch; ein kleiner Versuch scheiterte kläglich (1412). Die Urbs wurde damals von König Ladislaus von Neapel († 1414) bedroht. Im Juni 1413 hatte das Heer Ladislaus' die Mauern Roms durchbrochen – wie einstmals die Goten oder die Vandalen. Es folgten Räubereien und Plünderungen, Schätze wurden davongeschleppt. Der Hofstaat Gregors XII. floh nach Florenz; zumindest zeitweise war dort Schutz zu finden. Unmöglich, die Konzilsteilnehmer nach Rom zu laden, geschweige denn sie dort sicher unterbringen und ungestört tagen zu können. Offenbar dachte Johannes auch an Bologna, seine alte Legatenresidenz, als er am 3. März 1413 das Konzil ohne weitere Ortsangabe auf den 1. Dezember vertagte. Aber auch ein anderer Ort hielt sich hartnäckig in der Diskussion, Avignon, immerhin jetzt schon seit über einem Jahrhundert Residenz der Päpste. Aber auch dieser Plan wurde verworfen, die Diskussion um den rechten Ort ging weiter.

Dass die Wahl schließlich auf die deutsche Stadt Konstanz am Bodensee fiel, einen Platz, den sicherlich zunächst niemand im Kopf hatte, ja von dem die wenigsten in Italien, Frankreich und England überhaupt gewusst haben, wo er lag, ist nicht auf Johannes zurückzuführen, auch nicht auf einen der beiden anderen Päpste, sondern auf den römisch-deutschen König Sigismund aus dem Hause Luxemburg.

Wie Baldassare war auch Sigismund ein Mann der Epoche. Als zweiter überlebender Sohn aus der vierten Ehe Kaiser Karls IV. geboren, war er Markgraf von Brandenburg (seit 1373) und König von Ungarn (seit 1387), und seither bis zu seiner Wahl zum römisch-deutschen König urkundete er nahezu ausnahmslos in Ofen (Buda). Mit den besonderen Problemen Südosteuropas in der Zeit der unaufhaltsam vorrückenden Türken auf eine ganz besondere Weise sensibilisiert, ist die Erinnerung an ihn untrennbar verbunden mit einer der letzten groß angelegten europäischen Kreuzzugsunternehmungen, die freilich mit einer vernichtenden Niederlage des Heeres in der Schlacht von Nikopolis (1396) endete. Nach dem überraschenden Tod Ruprechts von der Pfalz (1400–1410) und der umstrittenen Doppelwahl 1410 – mit Sigismund konkurrierte damals sein Vetter Jobst von Mähren, der jedoch bald darauf starb – wurde Sigismund am 20. September 1411 von den Kurfürsten einhellig zum römisch-deutschen König gewählt. Umgeben von Räten, die er als besondere Vertrauenspersonen eng an sich band, hat er angestrengt, oftmals sicherlich auch ein wenig überfordert das Reich bis zu seinem Tod (1437) regiert, immer rast- und ruhelos hin- und herreisend, ständig unterwegs in Deutschland und Ungarn, in Westeuropa wie in Italien. 1433 noch, vier Jahre vor seinem Tod, hat er die Kaiserwürde erlangt, als Vorletzter überhaupt in der mittelalterlichen Herrscherfolge in Rom; im ungarischen Großwardein (heute Oradea/Rumänien) ist er begraben worden. Nach ihm herrschten die Habsburger im römisch-deutschen Reich – für Jahrhunderte. Sigismund hat sie durch seine Heiratspolitik maßgeblich auf den Thron gebracht.

Als römisch-deutscher König und zukünftiger Kaiser war Sigismund nach alter Tradition der Schutzherr der Kirche. Insofern durfte, ja streng genommen musste er sich für sie verantwortlich fühlen, wenn es ihr schlecht ging – und dass es ihr schlecht ging, das konnte man derzeit getrost behaupten. Und würde es nicht einen ungeheuren Vorteil für ihn selbst wie auch für das Kaisertum als Institution bedeuten, wenn jene Versammlung, die die Kirche wieder zu einer Einheit schmiedete, auf Reichsgebiet lag, in Territorien also, in denen er, Sigismund, der Herrscher war? Zweifellos konnte sich eine solche Versammlung hier besser kontrollieren lassen als im fernen, intrigenreichen Italien oder sonst irgendwo im Süden Europas, wo die letzten großen Zusammenkünfte der Kirche stattgefunden hatten.

Ohne Zweifel: Johannes XXIII. hat gewollt, dass ein Konzil stattfinden soll. Und ohne ihn, den Papst, wäre gar nichts gegangen. Ohne Zweifel aber auch: Es war auf Sigismund zurückzuführen, dass sich das Konzil schließlich in Deutschland und in Konstanz formiert hat. Ulrich Richental († 1437), der berühmte Chronist des Konstanzer Konzils, fingierte in seiner Konzilschronik – nach einem von ihm häufig angewandten Muster – einen Dialog:

> „*Da sprach der könig: ‚Sanctissime pater, placet vobis Constantia?‘* (Heiliger Vater, gefällt Euch Konstanz?) *Der baupst sprach: ‚Carissime fili, michi placet Constantia‘* (Geliebtester Sohn, ja mir gefällt Konstanz)."

Ulrich Richental und seine Chronik

Ungefähr 1420–1430 schrieb Richental im Konstanzer Dialekt seiner Zeit seine umfangreiche, mit zahlreichen farbigen Illustrationen versehene Chronik über das Konstanzer Konzil, dessen Augenzeuge er war. Gerüste des Aufbaus sind das Kirchenjahr und die großen Feiern auf der Versammlung. Reichhaltiges Material ist von ihm zusammengetragen worden, Personen- und Wappenverzeichnisse, Preislisten und vieles andere mehr. In der Schilderung der Einzelereignisse ragen der Prozess gegen Jan Hus, die Absetzung Johannes' XXIII. und das Konklave 1417 heraus. Im Ganzen besticht die Chronik durch ihre schiere Materialfülle, und viele der Bilder, die Darstellung und Dokumente teils begleiten, teils ergänzen, sind fast schon in das kulturelle Gedächtnis eingegangen. Wichtig zu wissen ist aber auch: Richentals Chronik ist auf nahezu jeder Seite das Buch eines Bürgers der Stadt Konstanz am Bodensee. Ausschlaggebend ist für ihn immer der Blickwinkel der Konstanzer Stadtgeschichte. Die Chronik ist eben auch ein Produkt der facettenreichen, bunten, farbigen, kaum in irgendwelche Muster zu pressenden spätmittelalterlichen städtischen Historiographie.

Die Informationen, die Richentals Chronik bietet, sind einzigartig für die Geschichte eines mittelalterlichen Konzils. Kein Wunder, dass die Späteren dem Werk nur allzu gerne voraussetzungslos folgten, aller immer wieder angebrachten Einzelkritik zum Trotz. Als „Leitmedium" für die Erforschung der Geschichte des Konzils hat man sein Werk bezeichnet, ja bedauert, dass es Vergleichbares für andere Konzilien nicht gebe. Heute wissen wir nur zu genau, dass Skepsis im Umgang mit seiner Chronik angesagt ist. Das gilt natürlich für jede andere Quelle auch, die ja nur durch das, was wir von ihr wissen wollen, überhaupt erst zur Quelle wird, zu etwas, das man ausschöpfen und verwerten oder verurteilen und verschmähen kann. Aber bei Richental gilt es vielleicht doch noch einmal in besonderem Maße. Nicht nur, dass die ältesten, miteinander konkurrierenden Fassungen seiner Chronik erst viel später entstanden sind, als es die eigentlichen Abfassungsjahre zu dokumentieren scheinen, wissen sollte man vor allem auch, dass es Richental, als er seine Chronik schrieb, gar nicht darum ging, Wirklichkeit abzubilden, also zu zeigen, „wie es eigentlich gewesen". Vielmehr wollte er sich mit seinem Werk nachträglich in das Konzilsgeschehen einmischen, ging es ihm immer wieder ganz stark darum, die Entscheidungen der Kirchenversammlung für rechtens zu erklären – vor allem die Absetzung Papst Johannes' XXIII., dessen Schicksal er als Parabel betrachtet.

Das Ringen um den rechten Ort

Richental hat den Entscheidungsprozess sicherlich zu einträchtig dargestellt; hinter der Entscheidung für Konstanz stand vielmehr ein hartes Ringen. Die Waagschale zugunsten der Stadt am Bodensee neigte sich im Rahmen von Verhandlungen der königlichen Seite mit zwei Kardinälen im Oktober 1413. Zwei Monate später, im Dezember, trafen sich Sigismund und Johannes in Lodi. Neben anderen Fragen ging es hier noch einmal um den Ort des Konzils. Es regierte zunächst das Ausschlussprinzip. Eine Liste (*chartula*) wurde angefertigt, auf der der Papst alle Orte verzeichnet haben soll, die für die Kardinäle nicht infrage kamen. Möglicherweise hat Johannes hier noch einmal versucht, einen Konzilsort südlich der Alpen durchzusetzen. Auch vonseiten der deutschen Fürsten kam noch einmal ein anderer Vorschlag. Es war Herzog Ulrich von Teck, der – sicherlich wenig aussichtsreich – die Reichsstadt Kempten im Allgäu vorschlug, die in der Nähe seiner Ländereien lag. Doch es blieb bei Konstanz, einer Stadt, der man es eher zutraute, eine so große Versammlung aufzunehmen.

Sigismund hatte fürs Erste gewonnen; am 9. Dezember 1413 lud Johannes XXIII. für den 1. November 1414, den Allerheiligentag, seine „ehrwürdigen Brüder“ und „geliebten Söhne“ zu einem allgemeinen Konzil in die Stadt am Bodensee ein. Die „ehrwürdigen Brüder“, das waren die Patriarchen, Erzbischöfe und Bischöfe; die „geliebten Söhne“, das waren die Elekten – also die schon gewählten, aber noch nicht geweihten Bischöfe –, die Äbte der Klöster sowie alle anderen Vorsteher geistlicher Einrichtungen.

Bewusst richtete sich die Einladung aber auch an alle weltlichen Würdenträger, denen er sich in christlicher Liebe verbunden fühle. Viel gebe es hier, in Konstanz, zu erledigen. Frieden und Ruhe seien in der Christenheit einzupflanzen, die Kirche als Ganzes sei zu reformieren. Entschieden stellte sich Johannes in seinem Schreiben in die Tradition seines Vorgängers, Papst Alexanders V., den Vorsitzenden über das „heilige Generalkonzil zu Pisa“.

Konstanz als Ort eines ökumenischen Konzils, Konstanz in der Nachfolge von Rom, Lyon, Vienne, den letzten allgemeinen Konzilien des Mittelalters, langfristig gesehen sogar in der Reihe von Nicäa (325), Konstantinopel (381), Ephesos (431) und Chalkedon (451) – ein Moment lang ist hier innezuhalten. Das Faktum ist zu wichtig, als dass man es einfach überspringen dürfte. Kirchengeschichtlich gesehen war die Entscheidung für einen Konzilsort in Deutschland etwas Neues, vielleicht sogar eine Revolution. Die Entscheidung scheint auf Zukünftiges vorauszudeuten – auf das Basler Konzil etwa, das nur wenige Jahrzehnte nach Konstanz fast zwanzig Jahre in der Stadt am Rheinknie tagen sollte, vielleicht sogar auf die Reformation, die von Deutschland aus ein ganz neues Zeitalter in der Geschichte der Kirche einläuten sollte. Mit Konstanz fing das alles an, und völlig zu Recht haben spätere Historiker geschrieben, dass mit der Entscheidung für den Konzilsort Konstanz die Kirche gleichsam nach Deutschland verlagert wurde. Nicht mehr in den Palästen und Kirchen des italienischen oder französischen Kirchenstaats wurden nun die Geschicke der Christenheit entschieden, sondern in den Gemäuern mittelgroßer oberdeutscher Reichsstädte. Darüber veränderte sich vieles. Beziehungen wurden neu ausgerichtet, Netze neu verknotet. Gewiss, auch vorher schon war der Austausch längst im Fluss, hatten nordalpine Geistliche Informationen und Wissen aus den päpstlichen Residenzen in Rom und Avignon in ihre Heimat beschafft, wurde in Köln oder Nürnberg, London oder Prag über das beraten, was an der Kurie in Rom und Avignon vor sich ging. Nun aber verlagerte sich das Geschehen ebenso wie die Informationsströme, der Fluss ging nicht mehr von Süd nach Nord, sondern von Nord nach Süd. Die Konsequenzen sollten erheblich sein.

Wenig später besuchten päpstliche Agenten die Stadt; nichts, was ihren kritischen Blicken, ihren bohrenden Fragen entging. Zwar hatte Sigismund noch in Lodi dem Papst die „Konzilstauglichkeit" des Ortes versichert und nachdrücklich die „Fähigkeit" (*abilitas*), das „Vermögen" (*capacitas*) und die „Sicherheit" (*securitas*) der Stadt beschworen. Doch das alles sollte, ja musste überprüft werden. Gab es genügend Unterkünfte für die erwarteten Teilnehmer? Konnte die Versorgung gewährleistet, konnten genug Lebensmittel in die Stadt geschafft werden? Wo sollten überhaupt all die Gespräche, Beratungen und Entscheidungen des Kongresses stattfinden? Man kann sich die sauren Mienen der Italiener vorstellen, als sie durch die Stadt am See mit ihren krummen Gassen zogen. Die hellen, weiten Plätze ihrer südländischen Urbanität suchten sie hier vergebens. Und war nicht auch das Klima hier einfach nur fürchterlich? Selbst die Einheimischen redeten doch davon, dass hier mindestens ein halbes Jahr lang ein nasser, nieseliger November herrsche. Wie sollte man zumal als Südländer einen längeren Aufenthalt in dieser Gegend überhaupt aushalten?

Ein Papst überquert die Alpen

600 Mann begleiteten ihn. Dem Gefolge gehörte zumindest zeitweise eine Reihe bedeutender Gelehrter und hoher Geistlicher an. Dabei war unter anderem der bereits erwähnte Bruni, der kaum minder berühmte Poggio Bracciolini, Pier Paolo Vergerio, Cencio Rustici, Bartolomeo Aragazzo de Montepulciano, Zomino da Pistoia, Benedetto da Piglio, Biagio Guasconi, der Erzbischof von Mailand Bartolomeo della Capra und Francesco Pizoplasso, der ihm auf eben diesem Mailänder Stuhl dereinst nachfolgen sollte.

Die Anreise war für alle schwierig. Die Alpen, das „*pirg*" der zeitgenössischen Quellen, waren im Mittelalter, ganz gleich, ob man sie von Nord nach Süd oder in der umgekehrten Richtung überqueren musste, ein echtes Hindernis. Die wenigen Wege, die bis über die Pässe führten, waren abenteuerlich. Enge Schluchten, nackte Felsen, Sturmwinde, die die Täler hinauf- und hinabtrieben und die Reisenden kaum atmen ließen, Lawinenabgänge im Winter und im Frühjahr, abenteuerliche Brückenstege, auf die kaum ein Mensch seinen Fuß zu setzen wagte, die wenigen Gasthäuser und Hospize wie einsame Inseln in der höchsten Ödnis.

Zu viele wussten von den Gefahren des Weges ein Lied zu singen. Man denke nur an den berüchtigten Alpenübergang des römisch-deutschen Königs Heinrichs IV. auf dem Weg nach Canossa im Winter 1076/77. Aber auch spätmittelalterliche Reiseberichte erzählen immer wieder von panischen Ängsten. Der englische Geistliche Adam von Usk († 1430) ließ sich, als er auf einem Ochsenschlitten über den Gotthard zog, die Augen verbinden, so sehr schreckte ihn der Anblick der

Felsmassen. Für den Genuss landschaftlicher Schönheiten war kein Platz, zumindest in dem, was man beschrieb oder beschreiben wollte. Es ging hauptsächlich darum, überhaupt anzukommen.

Welche Route wählte der Papst? Eine Inschrift der Kirche am Ostausgang von Latsch im Vinschgau besagt, dass Johannes XXIII. auf dem Weg zum Konstanzer Konzil diesen Weg genommen habe – ein Zeugnis, das einen Eindruck davon vermittelt, welches Aufsehen ein durch Fels und Eis reisender Pontifex erregt haben muss. Der weitere Weg ging, wie wir von Leonardo Bruni erfahren, über den Reschen und den Arlberg.

Ulrich Richental erzählt, dass es genau hier, auf dem Arlberg, zum Unglück gekommen sei. Die päpstliche Kutsche sei umgekippt und habe den Papst in den Schnee geworfen („*und do er herauf auff*

Die Kutsche von Papst Johannes XXIII. kommt auf dem Arlberg ins Kippen. „Hic iacet i[n] animus [d]yabilis (hier liegt der leblose Teufel): hie leich der theufel im drecke.“

den arlenberg kam bey dem kloesterlin do viel der wagen darinne er für umb und lag in dê schnee“). Der fluchende Johannes habe dafür den Teufel verantwortlich gemacht. Die Episode ist höchstwahrscheinlich frei erfunden. Richental hat sie fingiert, um den später abgesetzten Papst lächerlich zu machen. Er wollte zeigen, dass sich die Absetzung Johannes' auf dem Konzil bereits durch ein unheilvolles Zeichen angekündigt hatte. Dem als Sieger in die Stadt Einreitenden hatte Gott gewissermaßen schon gesagt, was mit ihm geschehen werde. Ob erfunden oder nicht, die Geschichte wird so manchem Leser der Chronik gefallen haben.

In demselben Monat, in dem Richental seine Geschichte platziert, Oktober 1414, schauten Johannes und sein Gefolge auf Konstanz und den See. Der Papst soll dazu misstrauisch bemerkt haben: „Hier also fängt man Füchse.“ Er selbst, Johannes, war ja ein Fuchs – listig, wendig, schnell, nirgendwo richtig zu kriegen. Und „gerissen“ hatte er wohl schon einiges in seinem Leben, seine Gegner wussten davon. Vielleicht hat er bereits hier, in diesem Moment mit dem Blick auf Konstanz, vor Augen gehabt, wie eine Falle sich öffnete, der nicht zu entkommen war, eine Falle, die ihn selbst als Ersten zur Strecke bringen würde.

Johannes XXIII. zieht in die Stadt ein

Am 28. Oktober 1414 zog Cossa in Konstanz ein. Es war eine perfekte Inszenierung. Geschickt wurden Zeichen gesetzt, Rituale wiederbelebt und in eine bestimmte, der Gegenwart angemessene Situation eingefügt. Auf auffällige Weise ähnelte der Einzug des Papstes der Ankunft eines Königs oder Kaisers. Neun Schimmel mit roten Satteldecken ritten ein, einer von ihnen trug das Sakrament in einer Monstranz mit brennenden Kerzen. Hinter dem Pferd des Papstes folgte ein Reiter mit einem merkwürdigen Gegenstand, hoch auf eine Stange gesteckt. Richental hielt das für den Hut des Papstes, eine Deutung, die zunächst etwas für sich haben mochte, denn auch die Kardinäle pflegten ja ihre roten Hüte auf Stäben vor sich hertragen zu lassen. In Wahrheit jedoch war es ein Sonnenschirm (*soliculum*), ein Herrschaftszeichen, dessen Tradition bis in den Alten Orient zurückreicht und das sowohl der Papst, der Kaiser, aber auch der Doge von Venedig geführt haben. Generell sollte der Sonnenschirm das besondere Verhältnis Gottes mit seinem irdischen Vertreter symbolisieren. Unmissverständlich hatte sich aber in der päpstlichen Zeichensprache ein besonderes Verständnis des Gegenstandes herausgebildet. Der Sonnenschirm war das Zeichen, das Kaiser Konstantin der Große († 337) Papst Silvester übergeben hatte, als dieser, wie fiktiv auch immer, die weltliche Herrschaft des Papstes im Westen begründet hatte – die berühmten Fresken in der römischen Kirche Santi Quattro Coronati aus dem 13. Jahrhundert künden davon. Der Sonnenschirm war ein Symbol kaisergleicher Macht.

Dann der große Moment am Stadttor: der Eintritt in das rechtliche Gehäuse, das den Papst, sein Gefolge, ja überhaupt die ganze Versammlung für die kommenden Wochen, Monate, Jahre – wer wusste es schon? – in sich bergen sollte. Es wartete eine städtische Empfangsgruppe. Neugierig und nervös wie Kinder, die einen großen Auftritt haben, sehen wir sie unruhig auf der Stelle treten. War man genügend vorbereitet? Hatte man an alles gedacht? Endlich erschien der Papst. Die Gruppe umrundete ihn, ihn und die Kardinäle. Der *pontifex* teilte den apostolischen Segen aus.

Inzwischen war ein von der Stadt gestellter Prunkbaldachin herbeigeschafft worden. In Gegenwart des königlichen Landvogtes, des Grafen von Monfort, zog Johannes ein. Der Graf führte dabei die Zügel des päpstlichen Pferdes, den Baldachin trugen als Vertreter des städtischen Rates drei Patrizier und ein Zunftmitglied – ein eher archaisches Abbild städtischer Wirklichkeit, denn längst war der Konstanzer Rat gleichmäßig von Patriziern und Zünften besetzt. Geschenke wurden überreicht, eine Schülergruppe sorgte für Musik – Ausdrücke der Ehrerbietung, der erwarteten Teilhaberschaft an künftigen Erfolgen und der Feierlichkeit des Augenblicks, der etwas Besonderes sein und als etwas Besonderes in Erinnerung bleiben sollte. Davon zeugt nicht zuletzt der Wunsch eines Konstanzers, den päpstlichen Schimmel gleichsam als „Andenken“ in Besitz zu nehmen; ein Vorhaben, das jedoch scheiterte. Der Erinnerung der Konstanzer an den Einzug schadete es nichts, die Chronik Richentals beweist es. Aber auch der päpstliche Plan ging auf – wenn auch möglichweise etwas anders als gedacht. Denn auch wenn die Konstanzer Bürger nicht alles begriffen haben, was ihnen hier vonseiten des päpstlichen Zeremoniells vor Augen geführt wurde, den Machtanspruch, mit dem der Papst in ihre Mauern einritt, haben alle verstanden, selbst Richental, der nicht immer ein großer Zeichendeuter war.

Weihnachten 1414

Zur Weihnachtszeit kam auch der römisch-deutsche König Sigismund, der Schutzherr, ja der eigentliche Initiator der Synode. Am 8. November war er in Aachen vom Kölner Erzbischof gekrönt worden – drei Jahre nach seiner Wahl. Er folgte damit einer Tradition, die einst Otto der Große (936–973) begründet hatte und der seither alle, die in dieses Amt gewählt wurden, Folge geleistet haben; so wirksam war die Vorgabe. Von Aachen aus zog Sigismund weiter nach Konstanz.

Auf dem Weg dorthin machte er Station in Straßburg, einer der großen Metropolen im Westen des Reiches, die wirtschaftliche Vormacht der Region, seit dem 14. Jahrhundert zünftisch beherrscht. Immer noch baute man an dem gewaltigen Münster aus dem rosafarbenen Vogesensandstein, jetzt nicht mehr im romanischen Stil wie noch im hohen Mittelalter, sondern im gotischen. Vor den Straßburger Bürgern hielt Sigismund eine vertrauliche Rede über die allgemeine politische Lage des Reiches. Auch die Kirche kam in der Ansprache vor, ihr Zustand bedrücke ihn. Der Protokollant notierte: „*Dan von der bebste wegen meine er, daz sulle ein kurzes ende nehmen, und er habe auch große zulegunge (Hilfe) von des babstes wegin.*“ Entschieden betonte Sigismund seine derzeitige Zusammenarbeit mit Johannes XXIII., beide zögen sie an einem Strick. Er machte aber auch klar, dass es ihm, dem König, vor allem darum gehe, das Problem der Spaltung endlich zu lösen, notfalls radikal – also auch ohne oder notfalls gegen Johannes. Sigismund forderte das „kurze Ende“. Ein Herrscher schickte sich an, den gordischen Knoten der Kirche zu durchhauen.

Mit großem Gefolge waren der König und seine Gemahlin Barbara von Stuttgart aus in den Konzilsort aufgebrochen. Mit den beiden zogen der Kurfürst Rudolf von Sachsen († 1419), die Gräfin Elisabeth von Thüringen sowie die Schwester der Königin, Königin Anna von Bosnien. Mit Pferden und Wagen ging es von Stuttgart über die Alb nach Überlingen. Es war der 24. Dezember 1414, der Heilige Abend. Der See war erreicht: eine große, dunkle Fläche, an deren anderem Ende schemenhaft der Bodanrück zu erkennen war, ein bewaldeter Höhenzug zwischen dem Überlinger und dem Unteren See, vielleicht noch irgendwo die Lichter eines Dorfes. Sonst Totenstille; der See sorgt nachts für Ruhe. Nur das Plätschern der Wellen und das Aufschreien einiger Wasservögel am Hafen.

Längst war die Nachricht vom Nahen des Königs auch nach Konstanz gedrungen und löste dort hektische Betriebsamkeit aus. Die Ratsstube, das Aushängeschild der Stadt, wurde angeheizt. Aufgeregt benachrichtigten die Ratsherren die Schiffsleute: Alle Schiffe, die vor Anker lägen, seien klarzumachen! Es sei hinüberzusetzen nach Überlingen, um den König, der dort warte, abzuholen. Der aber begab sich dort zunächst einmal für eine kurze Zeit zur Ruhe, die bisherige Reise war anstrengend genug. Zuvor jedoch ließ er noch eine wichtige Botschaft an den Papst in Konstanz versenden. Wieder berichtet Richental davon: Er möge, so der König an den Papst, mit den ersten beiden der drei Weihnachtsmetten auf ihn und auf die Königin warten!

Zu nächtlicher Stunde die Überfahrt. Die Konstanzer hatten tatsächlich alle ihre Schiffe geschickt. Der Konvoi wurde beladen, Fackeln beleuchteten die Szenerie. Die Leinen gelegt, es ging los. Um zwei Uhr – „*zwo stund*“ nach Mitternacht, wie wiederum Richental schreibt – landeten der König und sein Gefolge in Konstanz. Wie sie in der kurzen Zeit den Weg über den See geschafft haben sollen, wissen wir nicht. Irrt Richental mit seiner zweiten Stunde? Wenn man an die umständliche Beladung von Mensch und Material in Überlingen, wenn man an die Geschwindigkeit denkt, mit der Lastsegelschiffe damals über den See fahren konnten, dann mag zwei Uhr fast utopisch, drei Uhr als Ankunftszeit viel realistischer sein. Mit dem Gefolge und den Dienern begab sich das Königspaar von der Landestelle ins Rathaus der Stadt. Kein weiter Weg, etwa hundert Meter. Nur das Konrads- oder Fischbrucktor durchschreiten, dann innerhalb der Stadtmauer noch ein Stück nach Norden und der König und die Königin standen auf dem Fischmarkt vor dem Rathaus. In der Ratsstube wärmten sich die beiden auf. Die Ratsherren erquickten die Gäste mit Malvasierwein, vielleicht gewärmt. Wie gut das alles tat nach der Überfahrt! Als Geschenk der Bürger erhielt das Königspaar zwei Brokattücher, kostbare Baldachine. Unter diesen, von je vier Stangen getragen, schritten der König und die Königin nur wenig später zum Münster. Mitten im Zug flackernde Kerzen mit ihrem schwachem Licht, aber der Feierlichkeit der Stunde angemessen.

Der Papst und sein Klerus hatten mit dem Beginn der Messe tatsächlich gewartet. Müde, erschöpft und wohl auch ein wenig ratlos standen sie in der eisigen Kirche, zermürbt von der Verschiebung des Zeitplans. Es war gegen fünf Uhr morgens: Endlich – der König war da; der Gottesdienst konnte beginnen, eine Erlösung für alle. Sigismunds Plan war vollkommen aufgegangen, wie viele Nerven er auch alle Beteiligten gekostet haben mag. Warum um alles in der Welt aber war es dem König so wichtig, dass nicht eher mit der Messe begonnen wurde, als bis er da war? Die Antwort ist einfach: Es war der königliche Weihnachtsdienst, den er als Laie hier ausüben wollte, ja, seinem Herrschaftsverständnis gemäß ausüben musste. Und zwar nicht einfach irgendwann in der Heiligen Nacht oder irgendwo, sondern mit ihm – dem Papst – in der Kirche zu einem ganz bestimmten Punkt während des Gottesdienstes.

Der königliche Weihnachtsdienst: Es handelte sich dabei um einen seit der Regierungszeit Kaiser Karls IV. (1346–1378), also des Vaters Sigismunds, bezeugten Brauch, der dem römisch-deutschen König das Recht zugestand, im Rahmen der feierlichen Weihnachtsmette in der Heiligen Nacht den Vers aus dem Lukas-Evangelium vorzutragen oder auch vorzusingen: „Es ging ein Gebot aus von dem Kaiser Augustus, dass der gesamte Erdkreis geschätzt werde." Dazu erschien der König in einem geistlichen Gewand mit Pluviale, einem halbkreisförmigen, ärmellosen Mantel oder mantelähnlichen Umhang, und der Stola. Auf dem Haupt trug er die Krone, umgeben war er von Fürsten des Reiches, von denen einer das Reichsschwert über dem Haupt des Vortragenden zu halten hatte. Er, der König und zukünftige Kaiser, das sollte der Akt ausdrücken, besaß zu dieser Stunde die Möglichkeit, alle Welt daran zu erinnern, dass es zur Zeit der Geburt des Erlösers zwar noch keinen Papst, wohl aber bereits einen Kaiser gegeben hatte. Es war die Heilige Schrift selbst, die das alles so formulierte. Der König hatte es nur noch vorzutragen. Und so geschah es auch zu Konstanz 1414, in der Heiligen Nacht.

Richental berichtet darüber:

> *„Und sang man das ampt Dominus dixit ad me etc.* (...) *Und do es kam zu dem evangelii, do gieng der Romsch Küng mit vil brinnenden kertzen uff die kantzel und sang das Evangelium Exiit edictum etc."*

Eine wertvolle, über Richental hinausgehende Interpretation des Geschehens bietet ein französischer Benediktiner aus St-Denis, der zwar, was den konkreten Ort der Lesung betrifft, aus dem Herkommen schöpft, aber verstanden hat, warum die Aktion so wichtig war: Der Papst, so der Benediktiner, habe dem Kaiser zu Gefallen bestimmt, dass dieser „zum Zeichen kaiserlicher Würde" (*ipse in signum imperatorie dignitatis*) das Evangelium Exiit singen konnte. Wir hören den Druck heraus, der auf Johannes in dieser Nacht gelastet haben mag, die Zumutungen des Königs und zukünftigen Kaisers, die dieser dem Papst abverlangte.

Das Konzil wird eröffnet

Das Auseinanderklaffen zwischen dem glanzvollen Einritt Johannes' in Konstanz und seiner schimpflichen Flucht aus dem Ort im Jahr darauf, es hatte natürlich auch damit zu tun, dass Johannes und seine Getreuen hier nicht allein blieben; dass unterschwellige Prozesse in Gang kamen, die schwerlich jemand hat steuern können; dass das Aufeinandertreffen, Miteinanderreden, Zuhören, Diskutieren so vieler Beteiligter eine Dynamik aufkommen ließ, die ein Einzelner nicht mehr beeinflussen konnte. Es waren etwa um die 30 Kardinäle, drei Patriarchen, 33 Erzbischöfe, 300 Doktoren der Theologie, 5000 Mönche und ungefähr 16 000 Priester. Das aber waren nur die Geistlichen. In seinem Einladungsschreiben hatte sich wie gesagt Johannes ganz bewusst auch an die weltlichen Herrscher Europas gewandt. Auch diese sind in großer Zahl gekommen. Aus den Gebieten des Heiligen Römischen Reiches erschienen aus der Gruppe der Wähler des römisch-deutschen Königs die Kurfürsten Ludwig III. von der Pfalz, Rudolf von Sachsen und der Markgraf von Brandenburg, ferner die Herzöge von Bayern, Österreich, Sachsen, Schleswig, Mecklenburg, Lothringen und Teck. Außerhalb der Lande des Heiligen Römischen Reiches fanden den Weg nach Konstanz die Könige von Frankreich, England, Schottland, Dänemark, Polen, Neapel und der spanischen Reiche. In den ersten Tagen des Monats November wurde das Geschehen durch eine Prozession und eine feierliche Messe eröffnet, der Bedeutung des Anlasses gemäß. Die erste reguläre Sitzung fand am Freitag, dem 16. November 1414 statt.

Konzilsort war das Münster, die große Bischofskirche der Stadt. In ihren Ursprüngen geht sie auf die Anfangszeit des Bischofssitzes zurück, auf die Zeit um etwa 600. Im 11. Jahrhundert stürzte der Bau krachend ein. Rasch wurde er wieder aufgebaut; es entstand eine gewaltige dreischiffige Säulenbasilika mit kreuzförmigem Grundriss, die 1089 geweiht wurde. Mit ihrem charakteristischen, wuchtig-breiten Westturmblock prägt sie als höchstes Gebäude der Altstadt noch heute das Konstanzer Stadtbild, zumindest im Innenstadtbereich. Insgesamt 45 allgemeine Konzilssitzungen sollten im Münster stattfinden, weniger Debatten freilich, sondern meist Erklärungen und feierliche Proklamationen: ein mittelalterlicher Plenarsaal, zur Verkündung der Entscheidungen.

Wo saß man in der Kirche? Jeder, der in das Münster kam, um an den Sitzungen teilzunehmen, sollte seinen Platz haben, wissen, wo er hingehört, seinem Stand und Rang gemäß. Vorne war – mittelalterlichen Vorstellungen von Sitzordnungen zufolge – besser als hinten. Der Thron des Papstes stand somit folgerichtig vor dem Lettner-Altar, der Sigismunds vor dem Tagmessaltar; in der Mitte des Raumes befand sich eine Kanzel für den Redner. Eine Darstellung aus der Chronik Richentals zeigt, dass zwischen den etwa neun Meter hohen Säulen, die das Gebäude tragen und das Innere des Schiffes fluchten, für die Sitzungen des Konzils gestaffelte Holzbänke aufgestellt worden waren, eine Art von Tribüne etwa, die drei Reihen umfasste. Oben war – ebenfalls den mittelalterlichen Vorstellungen gemäß – besser als unten: So saßen auf der obersten der drei Reihen die Kardinäle, Erzbischöfe und die weltlichen Fürsten; auf der mittleren die Bischöfe und Äbte; auf der untersten Theologen und andere Gelehrte. Die Fläche zwischen den Säulen war ausgefüllt mit den Bankreihen der Schreiber und Konzilsbeamten. Wo man in der Kirche saß, wen man neben sich, vor sich oder im Rücken hatte, sollte sich den Konzilsteilnehmern genau einprägen. Noch zwei Jahrzehnte später, im Rahmen eines Sitzstreits auf dem Basler Konzil zwischen den burgundischen Konzilsteilnehmern und den Kurfürsten sollten sich einige an die Konstanzer Sitzordnung genau erinnern – andere freilich hätten sie am liebsten vergessen.

Im Schiff des Münsters hatten die Teilnehmer Platz genommen. Johannes XXIII. führte den Vorsitz; er zelebrierte die Messe und hielt eine Predigt. Die Worte waren einfach und doch klug gewählt. Oder klug gewählt, weil einfach. Eine dreifache Wahrheit, so Johannes, gebe es: eine ewige, eine innere und eine äußere. Die ewige, so der Papst, sei Gott, die innere das Gewissen, die äußere aber bestehe in Worten und Taten. Nachdem der Papst geendet hatte, wurden zwei Schriftstücke verlesen: eine Urkunde, die für den glücklichen Verlauf des

Konzils bestimmt war, und die Einberufungsbulle vom Herbst des letzten Jahres. Den Fortgang des Tagungsgeschäfts empfanden einige Konzilsteilnehmer freilich als zu schleppend; vor allem die Hauptsache wurde nicht berührt: das Schisma. Der französische Kardinal Guillaume Fillastre (1348–1428), der auf dem Konzil noch eine wichtige Rolle spielen sollte, machte seinem Ärger darüber in seinem Tagebuch – eher freilich eine Art Tatenbericht – Luft:

> „Auf diesem allgemeinen Konzil zu Konstanz, das über den Frieden und die wirkliche Einheit der Kirche, dann als zweiten Punkt über ihre Reform zu verhandeln hatte, geschah von Anfang November 1414, als der Papst und das Kardinalskollegium eingetroffen waren, bis Ende Januar sozusagen überhaupt nichts, und die Materie der Kircheneinheit wurde nicht berührt, weil einige Mitglieder unter der Krankheit des ‚noli me tangere' (‚rühr mich nicht an') litten."

Die Entstehung der Konzilsnationen

Geschaffen wurde – und zwar bereits in den ersten Monaten – dennoch Maßgebliches, Fillastres ganzem Unmut zum Trotz. Die Fäden der Verständigung der Konzilsteilnehmer knüpften sich hundertfach; der Umgang untereinander begann sich zu formieren – und zwar noch bevor Ausschüsse und Behörden und Deputationen sich überhaupt bilden konnten. Orden, Universitäten, Freundschaften, Gruppen aller Art fingen an, sich als etwas Zusammengehöriges zu fühlen, sich von anderen zu unterscheiden. Vor allem aber entwickelten sich – als ein Teil dieses ganzen Prozesses und dennoch als etwas Besonderes darin – die Konzilsnationen. Hauptsächlich um den Einfluss Papst Johannes' XXIII., der in seinem selbstsicheren Gebaren vielen zu weit ging, einzudämmen, traten seine schärfsten Kritiker auf den Plan. Es sollte ein Ordnungsprinzip gefunden werden, das die starre Einteilung in hergebrachte Gruppen und Fraktionen überwand und das Konzil auf eine neue, objektivere Weise zusammensetzte. So teilte man die Versammlung in Nationen (*nationes*) ein. Kleriker ganz unterschiedlichen Ranges und gleich welchen Aufgabenbereichs, Ordensleute, Weltgeistliche, Kuriale aus Rom und Avignon, Gelehrte, Prokuratoren und Gesandte, wer auch immer – alle saßen hier gleichberechtigt zusammen. Die Hierarchie zählte nichts; ebenso wenig kümmerte man sich um Ansehen oder Ausbildung; ausschlaggebend war allein die regionale Herkunft. Selbst die Kardinäle, die sich nur zu gerne als etwas Besonderes fühlten, als Glieder des Papstleibes, ja als „Senat der heiligen römischen Kirche", wurden zeitweilig in dieses Raster gepresst. Dabei darf man sich unter den Nationen des Konzils nicht das vorstellen, was wir heute unter „Nation" verstehen; die mittelalterlichen *nationes* bezeichneten, ganz grob gesprochen, eher Himmelsrichtungen. Auf dem Konzil von Konstanz bildeten sich die *nationes* Italica, Gallicana, Germanica (mit Skandinavien, Polen, Litauen, Kroatien, Ungarn, Böhmen), Anglica und – etwas später hinzugekommen – Hispanica heraus.

Um die genaue Einteilung der Nationen gab es unzählige Debatten, ja heftige Kontroversen. Nur zu gerne hätten zum Beispiel auch die Aragonesen eine eigene Konzilsnation gebildet. Keinesfalls jedoch wollte man in Konstanz die Zahl der Konzilsnationen vermehren. Heftigen Widerstand gegen das Ansinnen der Aragonesen gab es vor allem vonseiten des Kardinals Fillastre: Wenn man den Aragonesen diesen Status zubillige, so meinte er, dann müsse man dasselbe auch den Kastiliern einräumen; das aber sei insofern völlig abwegig, weil dann die Spanier, die auf dem Konzil mit nur wenigen Gesandten vertreten seien und in der Gesamtchristenheit höchstens den siebten oder achten Teil ausmachten, in Konstanz die Rolle eines Drittels spielen würden – dann müsste man beispielsweise auch aus der einen *natio germanica*, die ja die unterschiedlichsten Völker zusammenfasste, deren acht machen. Dennoch wurde, zumindest vorübergehend, den Aragonesen das Privileg eingeräumt, innerhalb der *natio hispanica* so viele Stimmen besitzen zu dürfen, wie das Gebiet der Krone Aragón Bischofssitze aufweise.

Nur noch ein Pontifex – Die Wiederherstellung des Papsttums

Von Anfang an hatte Johannes XXIII. das Konstanzer Konzil als direkte Fortsetzung des Pisaner Konzils verstanden. Für ihn war klar: Konstanz knüpfte an Pisa an, eine Versammlung, aus der sein Vorgänger Alexander V. und schließlich er selbst hervorgegangen waren. Und die Dinge schienen gut zu stehen: Fast ganz Italien hatte sich inzwischen von Gregor XII., dem römischen Papst, losgesagt. Die Italiener aber bildeten in Konstanz die Mehrheit. Was lag für Johannes näher als die Annahme, dass – wenn es zur Abstimmung kommen sollte – seine Landsleute sich für ihn und gegen die beiden Konkurrenten entscheiden würden?

Johannes hatte damit jedoch die Rechnung ohne den Wirt gemacht. Schon in den Wochen nach Weihnachten schlug die Stimmung um. Der Wind über dem Bodensee begann sich zu drehen; er wehte Cossa nunmehr eiskalt ins Gesicht. Kardinal Fillastre legte im Januar 1415 ein Gutachten vor: Alle Päpste sollen zurücktreten, alle drei; das Konzil sei berechtigt, im Interesse der kirchlichen Einheit einen Papst auch gegen seinen Willen zur Abdankung zu zwingen. Der Protest der Gegenseite folgte auf dem Fuße: lächerlich! Wie könne man – gerade hier in Konstanz – es wagen, den Beschluss des Konzils von Pisa aufzuheben? Was bitte gedenke man zu tun, wenn eines Tages die Beschlüsse des Konstanzer Konzils wieder aufgehoben würden? Dann hätte man möglicherweise vier Päpste anstelle derer drei! Die Pisaner Partei fuhr schwerstes Geschütz auf. Höher kann man nicht greifen, schärfer eine Parabel nicht formen: Hätte etwa Jesus Christus zurücktreten sollen, wären in seiner Zeit zwei andere Messiasse aufgetreten? Doch alles nutzlos; die Gegenseite kam mit dem Vorschlag: Abgestimmt werden solle nicht nach Köpfen, sondern nach Nationen. Wenn sich das erreichen ließe, wenn man hinbekäme, dass die deutsche, englische, französische und italienische Nation die gleiche Stimmenzahl erhielte, dann konnte man Johannes loswerden. Und es gelang: Durch geschickte Verhandlungen, hinter denen kein anderer als Sigismund selbst stand, wurde das Verfahren von der Mehrheit der Konzilsteilnehmer akzeptiert.

Anklagepunkt über Anklagepunkt wurde zusammengestellt, 18 insgesamt, um Johannes etwas vorwerfen, ihn beseitigen zu können. Vorgeworfen wurde ihm unter anderem unsittlicher Lebenswandel und wucherischer Handel mit Kirchenämtern; ein Kirchenspalter und Ketzer, so hieß es, sei er, nur die Entfernung aus dem Amt könne darauf die Antwort sein. Noch hielt man diese Artikel zurück, wollte sie noch nicht veröffentlichen – ein ideales Mittel, um Druck auf den Papst auszuüben. Die Taktik ging auf: Am 16. Februar 1415 erklärte sich Johannes aus Furcht vor einer Publikation zur Abdankung bereit. Aber Johannes wäre nicht Johannes gewesen, wenn er nicht an die Abdankung Bedingungen geknüpft hätte – und so gingen noch einmal zwei Wochen ins Land. Noch einmal harte Verhandlungen; Kämpfe um Positionen, die verloren waren, noch ehe man sie verteidigen konnte; verzweifelte Rückzugsgefechte auf einem Schlachtfeld bei sinkendem Licht. Dann endlich gab Johannes auf. Er erklärte sich zur Abdankung bereit.

Sigismund ließ die Stadt absperren, strenge Verbote wurden erlassen: Niemand durfte hinaus, unter keinen Umständen – so groß war die Angst des Königs, der zurückgetretene Papst könne doch noch den Rücktritt vom Rücktritt verkünden und das Konzil, gewissermaßen das Geschöpf Sigismunds, auflösen.

Harte Maßnahmen auch gegen Johannes selbst: Er musste versichern, sich nicht von dem Konzil zu entfernen oder das Konzil aufzulösen, bevor die Einheit der Kirche wiederhergestellt sei. Konnte seine Demütigung noch umfassender sein?

Die Flucht des Papstes aus Konstanz

Schon vor dem Konzil hatte Johannes mit Herzog Friedrich von Tirol einen Schutzvertrag geschlossen – ein Mechanismus gegen das Zuschnappen der Fuchsfalle, eine letzte Sicherheit für Amt und Leben, falls etwas schiefgehen sollte. Im Vertrauen auf diesen Vertrag floh Johannes am 20. März 1415 aus der Stadt; sein Ziel war Schaffhausen, das zu den österreichischen Vorlanden, dem Herrschaftsgebiet Friedrichs gehörte. Flucht und Vertreibung sind immer demütigend, ganz gleich unter welchen Umständen sie geschehen; der Fall des Papstes macht hier keinen Unterschied. Johannes hatte sich als Reitknecht verkleidet, geritten – das ging in alle Geschichtsbücher ein und wurde zum festen Bestandteil der Parabel von Aufstieg und Fall – ist er auf einem kleinen Pferd („*uff ainem klainen rösly*"). Tatsächlich kam der Herzog dem Papst zu Hilfe: Er ließ bei einem Turnier, zu dem er sich gerade befand, alles stehen und liegen und ritt nach Schaffhausen.

Das kam ihn teuer zu stehen: Sigismund rief die Reichsstände zusammen; er forderte Friedrich auf, vor ihm zu erscheinen und sich zu rechtfertigen; nur drei Tage bekam er dazu Zeit, er kam nicht. In einem Fürstengericht, das Sigismund zum 30. März einberief, wurden Land und Leute des Herzogs des Gehorsams entbunden. Der Aufforderung an die Herren und Städte des Reiches, sofort in das Herrschaftsgebiet des Herzogs einzumarschieren, folgte die Zusammenstellung eines Heeres, das in Richtung Schaffhausen marschierte – dorthin, wo Johannes sich aufhielt.

Der Papst musste einsehen, dass Gefahr im Verzug war, dass er hier nicht länger bleiben konnte. Atemlos zog er den Hochrhein hinab, zunächst bis zur Stadt Laufenburg, wo noch einmal eine Festung des Herzogs Schutz versprach. Unterdessen ergab sich die Stadt Schaffhausen den Truppen des Reiches; der vormalige Fluchtort des Papstes war gefallen – ein böses Omen. Es schien geboten, auch aus Laufenburg zu verschwinden, trotz der herzoglichen Festung; also weg auch von hier, um das Rheinknie herum, vielleicht war Sicherheit zu finden in der Gegend von Freiburg und Breisach. Noch auf der Flucht versuchte Johannes zu handeln. Am 30. März widerrief er seine Rücktrittserklärung und forderte seine Anhänger auf, unverzüglich das Konzil zu verlassen. Daraufhin berief Sigismund für den 5. April eine Generalkongregation ein. Und noch einmal ließ der König rigoros die Stadt absperren.

Das Dekret „Haec sancta“

Die Flucht des Papstes vom Konzil war ein dramatischer Moment – das Konstanzer Konzil war von ihm einberufen worden, er konnte es zumindest theoretisch auch wieder auflösen. Wenn ihm das gelang, dann hatte Sigismund, ja dann hatten alle Anhänger der konziliaren Theorie verloren, zumindest für lange Zeit. Doch das Konzil, mit Sigismund im Rücken, holte zum Gegenschlag aus. Bereits am 23. März hatte Jean Gerson eine Predigt gehalten, in der er sich zu den Grenzen der päpstlichen Macht äußerte; um des allgemeinen Wohls der Kirche willen könne diese Macht durch das Generalkonzil beschränkt werden. Wie jedes andere Glied der Kirche schulde auch der Papst dem Konzil Gehorsam. Der Stein, den Gerson damit ins Rollen brachte – längst hatte er ja schon am Wege gelegen und alle wussten, welche Gewalt sich dahinter verbirgt – nahm noch einmal an Geschwindigkeit zu, als die Nachricht in Konstanz ankam, dass Johannes sich in Laufenburg befinde – das Tischtuch zwischen Papst und Konziliaristen schien damit endgültig zerschnitten. Im Bewusstsein dieser Tatsache bündelten die Vertreter des Konziliarismus – unter denen die Theologen vor den Juristen den Vorrang besaßen – in der 5. Sitzung vom 6. April 1415 all ihre Vorstellungen in dem berühmt gewordenen Dekret *Haec sancta*.

Es ist eine der radikalsten Formulierungen des Konziliarismus überhaupt, ja als dessen „Magna Charta“ hat man sie – wohl nur wenig übertrieben – bezeichnet:

> „Diese heilige Synode (*haec sancta synodus*) zu Konstanz erklärt erstens, dass sie, im Heiligen Geist rechtmäßig versammelt, ein allgemeines Konzil abhaltend und die katholische Kirche repräsentie-

> rend, von Christus unmittelbar Vollmacht hat. Ihr ist ein jeder, welchen Standes und welcher Würde auch immer, einschließlich der päpstlichen, in denjenigen Stücken zu gehorchen verpflichtet, die sich auf den Glauben beziehen, auf die Ausrottung des besagten Schismas und auf die Reform der Kirche an Haupt und Gliedern. Desgleichen erklärt sie, dass ein jeder, welcher Stellung, welchen Standes und welcher Würde auch immer, einschließlich der päpstlichen, der den Geboten, Satzungen, Anordnungen oder Vorschriften dieser heiligen Synode und eines jeden anderen rechtmäßig versammelten Konzils in den genannten oder auf sie bezüglichen Stücken den Gehorsam verweigert, sofern er nicht davon Abstand nimmt, einer entsprechenden Buße unterworfen und gehörig bestraft wird, wobei nötigenfalls auch zu anderen Rechtsmitteln gegriffen wird."

Worte, die an Deutlichkeit nichts zu wünschen übrig ließen; Worte, die wie in einem Brennspiegel jahrzehntelang ausgearbeitete Lehren und Anschauungen prägnant zusammenfassten, die vor allem aber auch – in der konkreten Situation des Frühjahrs 1415 – Johannes XXIII. untersagten, die Kurie aus Konstanz zu verlegen und die Konzilsmitglieder von dort abzuziehen. Ebenso sollten damit auch alle weiteren Anordnungen, die Johannes treffen könnte, um dem Konzil zu schaden, für ungültig erklärt werden. Charakteristisch scheint besonders das Schwebende, das Offenlassende des Textes, der einerseits gemünzt zu sein scheint auf die konkreten Erfordernisse der Tagespolitik, der andererseits aber auch für die Zukunft gedacht schien und auch langfristig als eine Art permanentes Notrecht der Kirche in Gebrauch genommen werden konnte.

Der Prozess gegen Johannes XXIII. und seine Haft

Haec sancta blieb kein gelehrt-theologisches Luftschloss; der Ort von *Haec sancta* im Leben war der Prozess, der Johannes XXIII. auf dem Konstanzer Konzil gemacht wurde. Bei einem Versuch, aus den habsburgischen Vorlanden nach Frankreich zu entkommen, war er erwischt, festgenommen und in Radolfzell inhaftiert worden, kurzzeitig auch im Schloss Gottlieben, das dem Bischof von Konstanz gehörte. Dann der Prozess in Konstanz; das Verfahren arbeitete mit allen Mitteln und scheute sich nicht, um ins Volle zu treffen, auch Gerüchte aufzunehmen. Das Urteil war keine Überraschung. Am 29. Mai wurde Papst Johannes XXIII. als „unwürdig, unnütz und gefährlich" von seinem päpstlichen Rang und jeder geistlichen und zeitlichen Verwaltung entfernt, ausgeschieden und abgesetzt.

Endgültig war die Fuchsfalle zugeschnappt; es gab kein Entrinnen mehr, auch keine rhetorischen Ausflüchte. Johannes gestand die Schuld ein, widerrechtlich vom Konzil geflüchtet zu sein. Der abgesetzte Papst – jetzt wieder Baldassare Cossa – wurde Pfalzgraf Ludwig III. unterstellt, dem Konzilsprotektor. In dessen Herrschaftsbereich blieb er drei Jahre in Haft. Eingesperrt wurde er in der Veste Mannheim, einer Zollburg am Rhein, die neben dem Wohn- und Verwaltungstrakt damals nur einen festen Turm besaß; in diesem wurde Cossa eingekerkert. Gegen ein hohes Lösegeld kaufte er sich 1419 frei und ging zurück nach Italien. Es war eine neue Zeit, alles hatte sich inzwischen geändert. In Florenz unterwarf er sich dem neuen Papst Martin V., der ihn zum Kardinalbischof von Tusculum erhob, ein Amt, das er nur noch wenige Monate ausübte, bevor er am 23. Dezember 1419 starb.

Gnädiger als das deprimierende Schicksal der letzten Jahre war die Totenmemoria. Im Baptisterium des Doms von Florenz wurde Cossa beigesetzt. Giovanni di Bicci de' Medici und sein Sohn Cosimo de' Medici ließen ihm, geschaffen als Gemeinschaftsarbeit von Donatello und Michelozzo, dort ein Grabmal errichten, dessen von Martin V. missbilligte Inschrift lautete: „Johannes, einst dreiundzwanzigster Papst, starb zu Florenz im Jahre 1419 am 23. Dezember."

Der Name Johannes aber, den Cossa getragen hatte, war als Papstname für lange Zeit diskreditiert. Erst im 20. Jahrhundert traute sich wieder ein Pontifex, diesen Namen zu wählen, der damals 77-jährige Angelo Guiseppe Roncalli, das Kind einfacher Leute aus der Nähe von Bergamo. Als Johannes XXIII. (1958–1963) – die Ordnungszahl war möglich, weil Cossas Pontifikat in der offiziellen Zählung nicht vorkam – wurde er eine der populärsten, sympathischsten Erscheinungen auf dem Thron Petri seit Langem. Und ironischerweise wurde er auch der Papst eines Konzils.

Ein Papst wird wieder Kardinal

Im Vergleich zu dem Drama, das sich um Johannes XXIII. abspielte, wirkt die Abwicklung Papst Gregors XII. fast technisch, nüchtern und geschäftsmäßig. Dennoch: Es galt, ein Gesicht zu wahren, der Fall barg viele Tücken. Alles musste umfassend bedacht und vorbereitet werden; es war die Stunde der großen Regisseure, denen kein Bild, keine Szene, keine Einstellung gleichgültig sein dürfen. Bald nach der Absetzung Johannes' trat das Konzil in Verhandlungen mit Gregor, der Verhandlungsbereitschaft signalisierte, geknüpft allerdings an eine Voraussetzung: Es müsse ihm erlaubt sein, die in Konstanz versammelten Prälaten und Würdenträger zu einem neuen allgemeinen Konzil zusammenzurufen; immerhin sei er, Gregor, Papst, und als Papst könne er nun einmal kein Konzil akzeptieren, das von Johannes, seinem Konkurrenten, einberufen worden sei. Darauf konnte man sich einigen.

Entscheidend war die 14. feierliche Sitzung vom 4. Juli 1415. König Sigismund hatte seinen gewohnten Platz verlassen. Er nahm – aus einem zwingenden Grund – das Präsidium des Konzils an sich und setzte sich auf einen anderen Stuhl in der Mitte vor dem Hochaltar, das Gesicht zur Versammlung. Neben ihm – auf einer Bank, die demonstrativ niedriger stand als der Königsstuhl – zwei andere, die für das Geschehen von entscheidender Wichtigkeit sein sollten: Carlo Malatesta und Giovanni Dominici. Malatesta, ein italienischer Condottiere, Kämpfer für die Kircheneinheit und ein alter Freund Gregors, der am 15. Juni in der Konzilsstadt eingetroffen war; auf der anderen Seite der Kardinal Giovanni Dominici. Höchste Feierlichkeit erfüllte den Kirchenraum, beigetragen durch das Absingen der Antiphon *Veni sancte spiritus* und des Hymnus *Veni creator spiritus*. Der Kardinal von Ostia sprach ein Gebet für Frieden und Einheit.

Es folgte der große Moment des kurpfälzischen Rats und Protonotars Job Vener († 1447), einer der großen Hintergrundsfiguren der Politik der Zeit. Es ist das Schicksal von Hintergrundsfiguren, dass sie – außer in den Handschriften und Akten – nicht in den Vordergrund treten; das Schreiben, Abschreiben und Kommentieren von Geschäftsmaterialien reichte dazu in den seltensten Fällen aus, auch nicht das gewöhnliche Amt eines Orators, der Stimme ihres Herren, die sie in bevorzugten Momenten ausüben konnten. Hier jedoch war es anders. Es las – in diesem entscheidenden Moment des Konzils – Job Vener, „der ehrwürdige Mann", die Bulle mit der Bevollmächtigung der Prokuratoren über den Verzicht Gregors auf das Papsttum vor, die er Malatesta, Giovanni Dominici und den anderen, die in ihr genannt waren, geschickt hatte. Und noch ein anderes Dokument wurde von Job verlesen, die Bulle über die Autorisation des Konzils, die von Gregor geschickt wurde: Sie bevollmächtigte eine Reihe von Personen – unter anderem Carlo Malatesta –, im Auftrag Gregors das Konstanzer Konzil zum Zweck der Herstellung der Einheit der Kirche zu berufen, es durch Bestätigung zu einem allgemeinen Konzil zu machen. Bestätigt wurde das Konzil durch die Bullen als eine vom König, nicht von Johannes XXIII. berufene Versammlung – das war wesentlich. Nur dann würden die Gesandten handeln, wenn Johannes nicht den Vorsitz innehabe und auch nicht anwesend sei.

In der zweiten Bulle, die gezielt an Malatesta gerichtet war, hieß es: „Und wenn Dir scheint, dass etwas schicklicher durch eine allgemeine Person erledigt werde, bevollmächtigen wir Dich, dies durch eine von Dir zu wählende kirchliche Person ausführen zu lassen" – nichts anderes natürlich als der Wink mit dem Zaunpfahl, dass die Bevollmächtigung des Konstanzer Konzils nicht durch Malatesta, sondern durch den (zu dieser Zeit als solchen noch nicht anerkannten) Kardinal Dominici geschehen solle. Und so ereignete es sich auch. Malatesta übertrug Giovanni Dominici, seinem Gesandtschaftskollegen, die Stellvertretung zur Bemächtigung und Bewilligung des Konstanzer Konzils.

Der Rest war ausgestaltet zu höchster Feierlichkeit, auf geschickte Weise Zeichen setzend. Alles füllte sich mit symbolischem Gehalt, nichts davon hätte wegfallen dürfen. Die beiden Kardinaldiakone Francesco Zabarella und Lucidus de Comitibus erhoben sich; sie nahmen Dominici in ihre Mitte und führten ihn zu der Gruppe der anderen Kardinäle. Der Bruderkuss wurde ausgetauscht. Dann ließen sie Dominici sich dort niedersetzen, wo es ihm seinem Rang als Kardinalpriester nach zukam – zwischen zwei anderen Kardinalpriestern. Der Kardinal Alamannus Adimaris begann mit der Messe, der Bischof Dietrich von Münster predigte über das Wort des Johannes-Evangeliums „Wer mir nachfolgt, wandelt nicht in der Finsternis". Dietrich betonte die Macht des Konzils, seine höchste Autorität. Dreh- und Angelpunkt des Ablaufs war der Wechsel des Vorsitzes von Sigismund zum Kardinalbischof von Ostia: Der König verließ den Stuhl des Präsidenten, der Kardinal nahm ihn ein, und Dominici, der jetzt Mitglied des Kardinalkollegs war, konnte keine Einwände mehr haben, dass ein Kardinal, der aus seiner Sicht bisher der anderen Obödienz angehörte, den Vorsitz führte.

Dann, durch alles Vorherige gut vorbereitet, folgte der Akt des Rücktritts als solcher. Malatesta spielte die Hauptrolle. Er las von einem Blatt, das er in Händen hielt, wörtlich ab und lieh Gregor XII. dadurch seine Stimme:

> „Ich verzichte und lasse ab von den Rechten, Titeln und Besitzungen des Papsttums und trete zurück und übergebe das Papsttum und alle Rechte des Papstamtes in die Hände der allerheiligsten Synode."

Ein anderer trat noch auf – der Erzbischof von Mailand; er war nun die Stimme der Versammlung: „Das Konzil lässt zu, billigt und lobt den Rücktritt." Gregors Amtshandlungen wurden bestätigt, er selbst trat – als Kardinalbischof von Porto und Legat der Mark Ancona – in das Kardinalskollegium zurück. Zwei Jahre später, am 18. Oktober 1417, noch war der neue Papst des Konzils nicht gewählt, starb er.

Die Absetzung Benedikts XIII.

Johannes abgesetzt, Gregor zurückgetreten – die Erfolge des Konzils schienen mehr als beachtlich. Jetzt blieb nur noch einer übrig, der „weg“ musste, Benedikt XIII., der Aragonese Pedro de Luna, sicherlich der schwierigste Fall. Wie war ihm beizukommen? Es gab wohl nur eine Möglichkeit: mit einer Gesandtschaft, hochkarätig besetzt, ihn direkt aufsuchen und unter das Konzil zwingen, ihn, den stolzen, sturen, alten Mann.

Gemeinsam mit Prälaten, Doktoren der Theologie und einem Reitertrupp reiste König Sigismund an den Hof des Papstes nach Perpignan. Erste Gespräche – und sofortiges Beißen auf Granit. Niemals, so Benedikt, werde er sich der Entscheidung des Konzils beugen! Außerdem sei dieses Konzil gar kein Konzil, allenfalls eine Versammlung, und dabei bleibe er. Sigismund wiederum: Das Konzil habe sehr wohl die Macht und das Recht, einen Papst abzusetzen – das Beispiel des Papstes Johannes beweise es. Gegenüber der von Sigismund erhobenen Forderung nach einem Rücktritt ohne Bedingungen stellte Benedikt die Forderung: Wenn Rücktritt, dann so, dass anschließend nur er, Benedikt selbst, das Recht habe, den neuen Papst zu wählen:

> „Ihr sagt, dass weder ich noch mein Widersacher, Gregor XII., Päpste sind. Dann aber ist niemand Kardinal außer mir dem einzigen, noch lebenden Kardinal des letzten Papstes vor dem Schisma, und ich allein habe das Recht, den Papst zu wählen. Innerhalb eines Tages werde ich ihn wählen, wenn ihr wollt, und ich verspreche euch, dass ich mich nicht selbst wählen werde.“

Inakzeptabel war das alles für Sigismund als den Vertreter des Konzils, selbstredend. Noch einmal die Aufforderung an Benedikt, sofort zurückzutreten; noch einmal des Spaniers unbeugsames Nein. Nichts war da zu bewegen.

Der Eklat war da, die Parteien gingen auseinander. Sigismund verließ Perpignan. Aber auch für Benedikt war die Zeit in dieser Stadt vorbei. Er zog weiter in Richtung Süden auf die Halbinsel Peñiscola, ungefähr auf halbem Wege zwischen Barcelona und Valencia, ein Felsen hoch über dem Meer, mit dem Festland durch einen Sandstreifen verbunden, der bei Sturm von den Wellen überspielt werden kann. Auf der Kuppe der Insel, oberhalb der Altstadt mit ihren verwinkelten Gassen, eine gewaltige Festung aus der Zeit um 1300, eine ehemalige Templerburg; Vorgängerbauten sind noch älter, schon Griechen, Karthager und Römer schätzten den Ort. Gleißendes Mittelmeerlicht liegt über der Szenerie, in den Mittagsstunden alles zermalmend. Ein Ort des Rückzugs gewiss, der Flucht vor der Welt, doch auch eine Schutz- und Trutzburg, wie geschaffen für einen, der nicht aufgeben will, der an allem festhält, was er für wahr und richtig erachtet.

Dorthin, nach Peñiscola, rief Benedikt ein allgemeines Konzil ein. Alle Fürsten, die seiner Einladung nicht folgten, erklärte er für abgesetzt – eine altvertraute Gebärde, der klassische Reflex. Hier aber war es nur noch ein absurdes Schauspiel, denn es war kaum jemand mehr da, der ihm gehorchen wollte, selbst die letzten Getreuen fielen von ihm ab. Die Herrscher von Aragón, Kastilien und Navarra nahmen Kontakt auf mit Sigismund; in Narbonne verhandelten die Parteien. Am Ende stand ein umfassender Erfolg Sigismunds. Die Regenten der drei Königreiche kündigten Benedikt die Gefolgschaft auf, der Vertrag darüber datiert vom 13. Dezember 1416. Festgelegt wurde darin, dass die Absetzung Benedikts nach den Regeln des kanonischen Rechts erfolge. Die Stadt Konstanz als rechter Konzilsort wurde ebenso anerkannt, wie von Delegationen der drei Königreiche das Teilnahmerecht an der Wahl des neuen Papstes zugebilligt wurde. Unter Jubel traf die Nachricht einen Monat später in Konstanz ein. Benedikt wurde der Prozess gemacht. Um den Papst vor das Gericht zu zitieren, wurde ein Gesandter des Konzils nach Spanien geschickt, Lambert, Mönch in St. Laurent in Lüttich. Die Audienz in Peñiscola verlief dramatisch. Lambert vermied den Kniefall vor Pedro, eine Ehrerbietung, die ihm nicht mehr zukam, neigte nur mönchisch den Kopf. Der Abschiedsgruß, nach verrichteter Arbeit, wurde von Lambert in ein Paradoxon gefasst: „Der Herr sei mit Euch, denn er ist mit uns." Der

Prozess in Konstanz: Durfte es ein Trost sein für Pedro, dass angesichts seines untadeligen Lebens die hartnäckige Verweigerung einer Resignation der einzige Anklagepunkt war? Am 26. Juli 1417 folgte die Absetzung. Benedikt wurde aus der Kirche ausgestoßen.

Der Papst auf dem Felsen

Und Benedikt? Er gab immer noch nicht auf, im Gegenteil. Sein Starrsinn steigerte sich zum Sendungsbewusstsein. Er hatte nichts Greifbares mehr zu gewinnen, sein Dasein bekam mit den Jahren etwas Groteskes und Don-Quichotehaftes, doch er harrte aus auf seinem spanischen Felsen im Bewusstsein, immer noch der einzige, der wahre Papst zu sein. Noch vier Kardinäle hat er auf seinem Felsen ernannt; ein Kampf gegen Windmühlen.

Am 23. Mai 1423 starb er endlich, im Alter von 90 Jahren. Die sterblichen Überreste brachte man nach Illueca, auf die Stammburg seiner Familie bei Zaragossa; dort ruhten sie fast 400 Jahre lang. 1811 haben französische Truppen das Grab geschändet; bis auf seinen Schädel wurden die Gebeine in alle Winde verstreut. Nach seinem Tod wählten die Kardinäle, die Benedikt ernannte hatte, den vierten aus ihrer Mitte zu seinem Nachfolger, Gil Sánchez Muñoz, der sich den Namen Clemens VIII. gab. Seine erste Amtshandlung hat darin bestanden, einen dieser Kardinäle, Jean Carrier, der sich zur Zeit seiner Wahl in Frankreich befand, zu exkommunizieren; ein kleines Schisma der Leute von Peñiscola war die Folge, denn der Exkommunizierte antwortete mit der Ernennung eines eigenen Papstes (Benedikt XIV.). Noch bis ins Jahr 1429 hielt Clemens aus; dann verzichtete er, während sich die Spur Benedikts XIV. in den 20er-Jahren irgendwann verliert.

Noch immer aber wird Benedikts XIII. unter dem Namen „Papa Luna“ in Peñiscola gedacht; handgreifliche Erinnerungen an ihn sind sein Hirtenstab und sein Abendmahlskelch, die in der Pfarrkirche ausgestellt sind. Es gibt eine Geschichte aus dem Alten Testament, sie steht in den Büchern Mose, in der wird erzählt von einer schrecklichen Flut, mit der Gott die sündigen Menschen strafte. Es regnete endlos; alle

Wasser der Erde kamen zusammen und überspülten alles. Das steigende Meer breitete sich über der Erde aus wie ein riesiges, schwarzes Leichentuch. Einer – ein Mann namens Noah – hatte von Gott den Auftrag erhalten, die Welt und die Schöpfung zu retten, indem er zwei Exemplare von jeglicher Art zuvor auf ein riesiges, bauchiges Schiff brachte, das er eigens für diesen Zweck gezimmert hatte. Als der Meeresspiegel langsam zu sinken begann, strandete das Schiff auf einem Felsen, der Spitze eines gewaltigen Berges – und alles konnte wieder neu beginnen. In dieser Lage fühlte sich Benedikt, als er gegenüber Abgeordneten des Konzils über sein Peñiscola sagte: „Hier ist die Arche Noah, die wahre Kirche."

Die Wahl eines neuen Papsts

Eine der wichtigsten Aufgaben, die sich das Konstanzer Konzil gestellt hatte, war neben der Beseitigung des Schismas auch die Reform der Kirche; von vielen wurde sie als eine der vorrangigsten Aufgaben der Gegenwart überhaupt angesehen. Was aber, wenn jetzt, nach der erfolgreichen Beseitigung der rivalisierenden Päpste, die Wahl eines neuen Oberhauptes zügig vonstatten ging und sich die ganze Versammlung so schnell wieder auflöste, dass man in dieser Frage zu keinen wirklichen Fortschritten, zu Beschlüssen, die Abhilfe versprachen, kommen würde? Vor allem aus den Reihen der deutschen und englischen Nation wurden solcherart Befürchtungen laut, aber auch vonseiten Sigismunds.

Was vor diesem Hintergrund in der 39. Sitzung vom 9. Oktober 1417 zustande gebracht wurde, war freilich weniger das umfassende Reformpaket, auf das viele so sehr gehofft hatten; es waren Beschlüsse, die – im Gefolge von *Haec sancta* – vor allem darauf abzielten, die Autorität des Konzils zu stärken sowie zukünftigen Spaltungen einen Riegel vorzuschieben. Der wichtigste dieser Beschlüsse war das Dekret *Frequens*; in bilderreicher, biblischer Sprache liest es sich wie ein umfassender Tatenbericht der Konstanzer Geschehnisse, der Auseinandersetzung mit Jan Hus, der Beseitigung der drei Päpste:

> „Die häufige Abhaltung allgemeiner Konzilien (*frequens generalium conciliorum celebratio*) bildet die hauptsächliche Pflege des Ackers des Herrn und rottet die Sträucher, die Dornen und das Unkraut der Häresien, der Irrtümer und der Schismen aus, berichtigt die Ausschreitungen, reformiert, was deformiert ist, und bringt den Weinberg des Herrn (*vineam domini*) zum Nutzen überreicher Fruchtbarkeit. Ihre Unterlassung hingegen verbreitet und fördert die genannten Schäden, wie es uns die Erinnerung an die vergangene und die Betrachtung der gegenwärtigen Zeit vor Augen führt."

Vor allem aber – das ist die zweite, in die Zukunft weisende Ebene des Textes – soll das allgemeine Konzil zu einer Art dauerhaften Einrichtung der Gesamtkirche werden, das in bestimmten, im Erlass zeitlich genau festgelegten Rhythmen zusammenkommen sollte; jeder neue Papst sei zum Handeln in diesem Sinne verpflichtet:

> „Daher setzen wir fest, bestimmen und ordnen wir durch diesen Erlass auf immer an (*sancimus, statuimus, decernimus atque ordinamus*), dass von jetzt an allgemeine Konzilien so abgehalten werden, dass ein erstes vom Ende dieses Konzils innerhalb des Zeitraums von sieben Jahren und von da an von Jahrzehnt zu Jahrzehnt beständig an solchen Orten abgehalten wird, welche der Papst einen Monat vor Beendigung eines jeden Konzils (oder, falls er es unterlässt, das Konzil selbst) anzuordnen und zu ernennen verpflichtet ist, dass beständig entweder ein Konzil tagt oder an dem bestimmten Termin zu erwarten steht. Diesen Termin darf der Papst auf Anraten seiner Brüder, der Kardinäle der heiligen Kirche, aus zufällig auftretenden Ursachen vorverlegen, auf keinen Fall aber hinausschieben."

Keine Frage – nicht die Reform wurde als die wichtigste Zukunftsaufgabe der Kirche hier festgehalten, sondern die Beugung des Papstes und des allgemeinen kirchlichen Lebens unter das Konzil. Und so schien zunächst auch alles umgesetzt zu werden, in der Zeit nach Konstanz – zumindest auf dem Papier und in den ersten Ansätzen: Im

Gefolge des Konstanzer Konzils, so wie das Dekret *Frequens* es vorgeschrieben hatte, berief Papst Martin V. für den 23. April 1423 eine Synode nach Pavia ein, die allerdings wegen einer in der Stadt ausbrechenden Seuche bald nach Siena verlagert werden musste. Politische Gegensätze und eine vehemente Opposition gegen Papst und Konzil brachten die Gespräche ins Stocken. Durch den Konzilspräsidenten und mit Unterstützung seines Gesandten Domenico Capranica löste Martin V. das Konzil, das lediglich vier Dekrete verabschiedet hat, nicht einmal ein Jahr nach seiner Einberufung wieder auf.

Das nächste Konzil wurde vom Papst für das Jahr 1431 nach Basel einberufen, ein Konzil, das – wenn auch mit Aufspaltungen – so lange tagen sollte, dass die im Dekret *Frequens* vorgeschriebene regelmäßige Abhaltung von Konzilien überhaupt nicht mehr notwendig schien. Das Konzil war kein Ausnahme-, sondern der Normalfall geworden. In seiner schieren Dauer hat das Basler Konzil alles bisher Vorstellbare weit in den Schatten gestellt; es wurde zum Konzil in Permanenz. Erst nach der Basler Zeit schien der konziliare Gedanke, wenngleich in den Köpfen vieler immer noch präsent und jederzeit aktivierbar, etwas erschöpft.

Ein Kaufhaus am See und 53 Wähler

Der im Dekret *Frequens* beschworene Weinberg des Herrn – um seine Fruchtbarkeit zu entfalten, bedurfte es in Konstanz noch etwas Entscheidendem: der Wahl eines neuen Papstes. Wie wählt man einen neuen Papst, wie wählte man ihn in Konstanz 1417? Das Konstanzer Konzil legte – nach langen Diskussionen und einem erfolgreichen Kompromissvorschlag durch die Franzosen – einen eigenen Wahlmodus fest. Zu den Kardinälen hinzutreten sollten auch die Nationen. Neuer Papst solle sein, wer – nach dem seit dem späten 12. Jahrhundert gewohnten Prinzip – zwei Drittel der Kardinalsstimmen auf sich vereinigen konnte, aber zusätzlich sollten von jeder der fünf Konzilsnationen je sechs Delegierte mitwählen dürfen. Auch von jeder dieser Nationen, so wollte man, sollten zwei Drittel für den Gewählten stimmen.

Kardinäle plus Nationen: Auf 53 Wähler kam man somit insgesamt, die sich zusammensetzten aus 23 Kardinälen und 30 Wählern aus den fünf Nationen; jede der fünf Nationen stellte sechs Wähler. Das Verfahren, das auf den ersten Blick den neuen Papst als von einer breiten Grundlage getragen erscheinen lassen konnte, auf den zweiten Blick aber auch von einem nicht geringen Misstrauen aller gegen alle zeugt, barg nicht unerhebliche Risiken. Die Gefahr eines Scheiterns war groß, und nicht zu Unrecht warfen die italienischen Kardinäle ein: Drei Deputierte einer verstockten Nation genügten – und schon sei ein einträchtiges Votum der übrigen 50 Wähler aufgehoben.

Die Wähler der deutschen Nation sind für uns keine unbekannten Größen; wir wissen genau, um wen es sich dabei gehandelt hat: um die Erzbischöfe Johannes Wallenrode von Riga und Nikolaus Traba von Gnesen, den Bischof Simon de Dominicis von Trogir (Trau) in Dalmatien, um Lambert del Stache, den Prior des Cluniazenserpriorats Bertrée in Limburg sowie um den Heidelberger Theologen Konrad Koler von Soest und den Wiener Theologen Nikolaus von Dinkelsbühl, seines Zeichens Gesandter Herzog Albrechts V. von Österreich.

Wo sollte das Konstanzer Konklave stattfinden, jener peinlich abgeschlossene Raum, der eine ungestörte, konzentrierte Zusammenkunft, Beratung und Wahl erlaubte, der aber auch von seinem schieren Fassungsvermögen her gesehen hinreichend groß war, um die Vielzahl der Wähler in sich aufnehmen zu können? Bestimmt wurde dazu das damals neue, riesige, über 50 Meter lange Lager- und Handelshaus der Stadt, das mit provisorischen Zellen versehen, versiegelt und bewacht wurde.

Konstanz, 8. November 1417. Am Nachmittag, ungefähr zwischen drei und fünf Uhr, zogen die 53 Wähler vom Münster ins Kaufhaus. Sigismund empfing und vereidigte sie. 53 Wähler – und auf ihnen lastend die Verantwortung, einen neuen Papst zu finden, der das Schisma vergessen machen, der die Einheit der Kirche wiederherstellen sollte. Der erste Konklavetag am 9. November: Die vorrangige Aufgabe bestand in der Ordnung des Abstimmungsverfahrens. Wer die Wähler waren, das war klar; aber wie sollte gewählt werden? Eine wichtige Frage. Denn auch nachdem sich die Kardinäle als die alleinigen, die exklusiven Wähler des Papstes herausgebildet hatten, herrschte in diesem Punkt alles andere als Klarheit, vielmehr hatten Wahltaktiken und Wahlarten immer wieder das Geschehen auf eine zum Teil extreme Weise bestimmt. Von einem „fairen“ Verfahren konnte oftmals keine Rede sein. In nicht wenigen Fällen wurden die Kardinäle relativ formlos zur Stimmabgabe aufgerufen und erteilten einem der vorgeschlagenen Kandidaten ihre Stimme. Als Sieger aus dem Rennen ging oftmals derjenige hervor, der am geschicktesten taktieren konnte. Als unbestrittener Höhepunkt in dieser Hinsicht – auch aufgrund der meisterhaften Schilderung durch den Protagonisten selbst – darf das Konklave von 1458 gelten, aus dem Enea Silvio Piccolomini als Pius II. hervorging. Erst 1621 sollte ein Gesetz über das Wahlverfahren Klarheit schaffen und drei legitime Möglichkeiten zulassen: die Wahl *per inspirationem*, die dann vorläge, wenn alle Kardinäle „gleichsam durch Eingebung des Heiligen Geistes“ eine Person als gewählt bezeichneten; die Wahl *per compromissum*, in welcher die Wähler ihre Stimmen einem Ausschuss übertrugen und sich dessen Entscheidung unterwerfen; schließlich die Wahl durch Stimmzettel (*per scrutinium*).

Die Konstanzer beschlossen, offen schriftlich abstimmen zu wollen, auf Stimmzetteln, also *per scrutinium*. Am nächsten Morgen, dem 10. November, das erste Skrutinium. Die Stimmen waren, wie sich zeigte, zersplittert, von sofortiger Einigung keine Spur; doch immerhin zeichneten sich einige Kandidaten ab: Kardinaldiakon Oddo Colonna sowie die Kardinäle von Saluzzo, Ostia, Venedig sowie die Bischöfe von Genf und Winchester. Der Nachmittag des Tages brachte eine Fortsetzung der Arbeit; erörtert wurden vor allem Möglichkeiten und Formen des Hinzutretens anderer zu den in Führung liegenden Kandidaten.

Der Morgen des 11. November: Die Wähler konzentrierten sich auf insgesamt vier Kardinäle, den von Ostia, den von Saluzzo, auf Oddo Colonna und den Bischof von Genf. Die Aussichten Colonnas schienen besonders gut zu sein; die auf ihn gefallenen Stimmen waren gut verteilt: acht Stimmen von den Kardinälen, vier von der italienischen Nation, eine aus der französischen, drei aus der deutschen und zwei aus der spanischen. Geschlossen für Colonna gestimmt haben die sechs Engländer. Die Franzosen zögerten kurz, doch der Widerstand verflüchtigte sich – offensichtlich schnell. Die Wähler riefen Oddo Colonna zum Papst aus und huldigten ihm.

Ein Knabenchor, der Heilige Geist und das „Habemus papam"

Was führte den Umschwung herbei, was brachte so unvermittelt die Einigung auf den einen Kandidaten in einem der kürzesten Konklave der Papstgeschichte? Das Geschehen klingt merkwürdig, rührselig, vielleicht sogar ein wenig nach einer Fabel oder einer Legende – und ist doch gut bezeugt, nicht nur durch Richental, der natürlich breit, wenn auch ein wenig unverständig und in den Hauptsachen danebenliegend, davon erzählt. Es gab damals, als die Wähler in ihrem Kaufhaus saßen, eine tägliche Prozession vom Münster zum Ort des Konklaves, 200 Sängerknaben etwa, die geistliche Lieder und Hymnen sangen, um die Feierlichkeit des Momentes, den wohl alle damals in Konstanz begriffen, zu unterstreichen. Schon an den ersten zwei Tagen des Konklaves waren sie singend ausgezogen, drinnen in der Halle hatte man sie auch singen gehört, auch am Mittwoch; doch das war kein günstiger Moment, denn gerade als die Prozession vor dem Kaufhaus stand, zählte man dort die Stimmen zusammen. Gebannt auf die Zettel starrend, ließ man sich von nichts ablenken.

Am Donnerstag kamen die Knaben wieder, aus ihren Kehlen klang es engelsgleich: „Komm, Schöpfer Geist" (*Veni creator spirtus*) – ein uralter, aus der Karolingerzeit stammender Hymnus, der für gewöhnlich zur Pfingstzeit gesungen wird; er handelt vom Einbruch des Heiligen Geistes, von Aufbruch, Urkraft, Hoffnung, Feuer und Sturm auf dem Weg der Kirche durch die Zeiten. Die Kardinäle hielten den Atem an. Sie blickten auf und sahen sich eine Weile ratlos an. Engelsstimmen, so glaubten sie, hatten sie gehört. Einige fielen auf die Knie. Einige weinten. Einige begannen mitzusingen – nicht laut, denn es musste ja um alles in der Welt der Eindruck vermieden werden, als habe man sich bereits auf einen Kandidaten geeinigt, sondern leise und gedämpft, aber doch vernehmbar: *Veni creator spiritus*, „Komm Schöpfer Geist". Der älteste Kardinal richtete ein Gebet zum Heiligen Geist. Schnell müssen danach auch die Franzosen umgeschwenkt sein, ihre Widerstände schwanden dahin. Noch schneller – noch ehe die Prozession zum Münster zurückgekehrt war – war Colonna, der den Namen des Tagesheiligen annahm, gewählt: Martin V. Richental erzählt darüber:

> „Gerade zwischen der zehnten und elften Stunde, als man mit dem Kreuz vor dem Kaufhaus kniete und die Wechselstrophe sang, waren auch alle 53 Wähler in der Kapelle im Kaufhaus versammelt und feierten Gottesdienst. Und nach der Messe sangen auch sie leise die Wechselstrophe ‚Komm, Heiliger Geist' und das Gebet dazu. Danach einigten sie sich sogleich, und in der elften Stunde an Sankt Martins Tag, noch bevor das Kreuz wieder in das Münster gebracht worden war, schrie und rief man aus dem Konklave: ‚Wir haben einen Papst, Otto von Colonna!' Da lief jedermann vor das Kaufhaus, Frauen und Männer, wohl mehr als 80 000 Menschen."

80 000 Menschen sind natürlich eine gelinde Übertreibung, typisch Richental, möchte man meinen, doch das Außerordentliche des Ereignisses hat alle, die es mitbekamen, bewegt. Der aragonesische Gesandte Malla, ein Teilnehmer des Konklaves, hat es seinem König mit folgenden Worten mitgeteilt: „Ich sage Euch, Herr, wahrhaftig, ich glaube, dies war ein außergewöhnlicher Eingriff des Heiligen Geistes, der da erschien."

Der Gewählte war alles andere als ein unbeschriebenes Blatt. Ein Colonna – allein das schon sagt eigentlich alles. Ein Mitglied jener römischen Familie, die seit Jahrhunderten zu den mächtigsten, einflussreichsten Repräsentanten des römischen Adels zählte. Eine Sippe, ohne die kaum etwas ging im spätmittelalterlichen Rom. Nahezu überall hatten sie ihre Hände mit im Spiel – in der Welt und in der Kirche.

Oddo war zudem durch Rechtsstudien in Perugia und eine kuriale Karriere wie aus dem Bilderbuch gut ausgebildet, hatte auch, freilich in unterschiedlichen Positionen, am Konzil von Anfang an teilgenommen. Zum Schluss hatte er sich eher etwas bedeckt gehalten – nicht die schlechteste Position, um ganz nach vorne zu gelangen. Nach seiner Wahl, noch auf dem Konzil, ging Martin die an den neuen Papst gestellte Aufgabe der Verwirklichung eines Reformprogramms an, erließ Dekrete, die sich gegen Ämterkäuflichkeit, gegen Dispense in Pfründengeschäften, gegen eine entsittlichte Lebensführung der Kleriker und anderes richteten. Doch blieb hier vieles enttäuschend. Der ganz große Durchbruch in der Reform ist unter ihm sicherlich ausgeblieben, und die historische Leistung Martins, der am 16. Mai 1418 unter einem Prunkbaldachin und auf einem von Sigismund geführten Pferd sitzend Konstanz verließ, besteht weniger in der Durchsetzung eines umfassenden Reformprogramms, sondern in der Wiederherstellung der Macht des Papsttums im Kirchenstaat. Es war Martin, dem es gelang, den zerrütteten Kirchenstaat wiederaufzubauen und ihn zu einem festen Bestandteil im italienischen Staatengefüge seiner Zeit zu machen, gleichberechtigt stehend neben den Republiken von Venedig und Florenz, dem Herzogtum Mailand, dem Königreich Neapel. Auch in Rom selbst ging es mit ihm wieder aufwärts, steht sein Pontifikat für den Beginn einer umfassenden baulichen Erneuerung der Stadt und einer Verlagerung des Zentrums der päpstlichen Macht vom Lateran zu St. Peter. Das Papsttum der Renaissance – mit all seinen Stärken und Fehlern – sollte mit ihm beginnen.

Die Fragen des Glaubens – Die Fragen der Politik

Die *causa fidei*, die Frage des Glaubens auf dem Konstanzer Konzil, sie war die Frage des Jan Hus. Nicht nur seine Frage, gewiss, aber doch seine Frage vor allen anderen. Vor allem in der Erinnerung ist sie es geblieben. Konstanzer Erinnerungsorte überall: die Herberge, in der er Quartier nahm; das Inselhotel, früher ein Dominikanerkloster, in dem Hus gefangen gehalten wurde; der Gedenkstein am mittelalterlichen Richtplatz der Stadt und der Straßenname „Zum Hussenstein“; daneben – auch das ist ein Erinnerungsort – Richentals Chronik mit ihren Texten und Dokumenten und den farbigen Illustrationen.

Wer war Jan Hus? Ein symbolträchtiger Name, der Name einer ganzen Bewegung, der Name einer großen Erschütterung, auch wenn das, als sein Name in Böhmen und in Europa erstmals in Erscheinung trat, noch niemand wissen konnte. Geboren wurde er im südböhmischen Husinec, wohl um das Jahr 1371. Seine Eltern waren wenig bemittelt, doch er schaffte den Aufstieg. Nach einem Studium in Prag an der berühmten, von Karl IV. gegründeten Universität, wo Hus die Magisterwürde empfing, beschäftigte er sich intensiv mit den Lehren von Johannes Milíč von Kremsier, von Matthias Janov, besonders aber von John Wyclif († 1384), einem englischen Theologen und Kirchenreformer, der scharfe Angriffe auf die Kirche gerichtet hatte: gegen die Unmoral des Klerus; überhaupt gegen den Besitz und die weltliche Herrschaft der Kirche; gegen die päpstliche Finanzpolitik, besonders in Avignon; gegen das Mönchtum und die Klöster. Obwohl 1382 eine Synode in Oxford einige der Artikel John Wyclifs als ketzerisch deklariert hatte, wurde Wyclif, wohl aus Furcht vor einem Volksaufstand, nicht exkommuniziert. Erst dem Konstanzer Konzil sollte es vorbehalten bleiben, dergleichen zu vollziehen, und noch einmal ging eine längere Zeit ins Land, bis 1428 seine Gebeine ausgegraben und verbrannt worden sind.

Seit 1402 war Hus, der zwei Jahre zuvor zum Priester geweiht worden war, Prediger an der Bethlehemskapelle in Prag. Prag im späten Mittelalter – das war eine der größten Städte des Heiligen Römischen Reiches nördlich der Alpen, von der Einwohnerzahl her vergleichbar mit Köln im Westen des Reiches. Und eigentlich waren es sogar drei Städte, Altstadt, Neustadt und Kleine Seite. Die in der Altstadt, dem Prag der Kaufleute und Handwerker, ca. 1390 errichtete Bethlehemskapelle war eine Kirche der besonderen Art, ein Ort, der sich jeder bisherigen Norm entzog. Alles an ihr war programmatisch, war Abkehr vom Gewohnten und Forderung nach Veränderung und nach Reform: die Schlichtheit des Hallenbaus, der die Bürgerhäuser der Stadt nicht himmelhoch überragt, sondern sich bescheiden in das Ensemble einfügt; der große Saal, in dessen Mitte nicht der Altar, sondern die Kanzel steht; das Fehlen des Tabernakels; kein hohes Gewölbe wie ein Abbild des Himmels, sondern eine hölzerne Balkendecke: alles in allem keine Kirche zur Feier der Messe, sondern zur Predigt – fast schon eine Art Vorläuferin protestantischer Gotteshäuser des 16. Jahrhunderts. Kahle Hallen mit Bänken in strenger Ordnung, in denen kein Beiwerk, kein Schmuck ablenken sollte von der Verkündigung des Wortes, auf das alles ankam. Der Kirchenraum als Hörsaal, der Prediger als Dozent des Glaubens.

Eine große Zuhörerschaft strömte in das Prager Gotteshaus, vor allem auch wegen der Predigten in tschechischer Sprache, die für viele ungeheuer attraktiv wirkten. Gegen 3000 Zuhörer konnte die Kapelle aufnehmen, eine ungeheure Zahl. War das nicht wie ein Akt der Befreiung, auch in einem übergeordneten, fast schon nationalen Sinne? War es nicht viel besser, wahrer und glaubhafter, wenn das Evangelium in der Muttersprache verkündet wurde? Der Prediger schaffte es, seine Zuhörer zu überzeugen. Immer wieder kontrastierte Hus das Damals mit dem Jetzt – die arme Urkirche zur Zeit der Entstehung des Christentums mit der Macht und dem Reichtum des Klerus vor allem an seiner Spitze in der Gegenwart; die Gemeinschaft der Fischer, Bootsknechte, Bauern und kleinen Leute auf der einen Seite, die geistlichen Fürsten in ihren Palästen auf der anderen. Jan Hus stand zunächst nicht allein. Nicht nur bei den Prager Bürgern, die ihm fasziniert zuhörten und in Scharen kamen, auch im Prager klerikalen Milieu fand er anfangs Unterstützung, selbst beim dortigen Erzbischof.

Dennoch kam es zum Bruch, bereits hier in Böhmen. Der Grund war seine entschiedene Verteidigung der Lehren Wyclifs gegen die kirchliche Obrigkeit, auch gegen gegnerische Kreise an der Prager Universität. Hus' Forderungen verbanden sich dabei mit politischen Strömungen, die in Böhmen – das im römisch-deutschen Reich schon seit Langem eine Sonderrolle spielte – auf eine Stärkung des tschechisch-nationalen Charakters des Landes und seiner Einrichtungen zielten.

Der damalige böhmische König Wenzel, der bis zu seiner Absetzung durch die deutschen Kurfürsten im Jahr 1400 auch römisch-deutscher König gewesen war, befürwortete die Verteidigung Wyclifs. 1409: Das Kuttenberger Dekret wird erlassen; Wenzel veränderte damit das Stimmenverhältnis in den Gremien der Prager Universität entscheidend. Hatten seit der Gründung die Nationes der Böhmen, Bayern, Sachsen und Polen je eine Stimme besessen, so bekamen die Böhmen nunmehr drei Stimmen zugeteilt; die anderen zusammen erhielten nur eine. Der Erlass hatten einschneidende Folgen, führte zum Auszug der deutschen Magister und Studenten, indirekt damit auch zur Gründung der Universität Leipzig (1409), die unter Förderung der Markgrafen von Meißen rasch zu einer außergewöhnlichen Blüte gelangte.

Der große Nutznießer des Ganzen in Prag aber schien zunächst Jan Hus selbst zu sein; er wurde zum Rektor der dortigen Universität gewählt. Doch die Situation eskalierte, es kam zu Exzessen und Gewalt. Der Prager Erzbischof befahl die Verbrennung der Bücher Wyclifs. Hus wurde geächtet und vor der Kurie angeklagt, in Prag brachen daraufhin neuerlich Unruhen aus. Deutschsprachige Bürger der Stadt aus der Oberschicht griffen die Bethlehemskapelle an, längst das Symbol der tschechischen Böhmen, die den Lehren Hus' anhingen, ihre nüchterne, glanzlose Ikone.

Während drei Anhänger des Hus in der folgenden Zeit hingerichtet wurden, zog der Geächtete selbst sich aufs Land zurück. In der waldumschlungenen Einsamkeit von Kozí Hrádek – einer gotischen Burg in Südböhmen aus dem 14. Jahrhundert, die bereits am Ende des nachfolgenden Säkulums vermutlich infolge eines Brandes als verödet galt – predigte er der Landbevölkerung. Fast wie Luther auf der Wartburg, als ginge es darum, eine äußere Bedrängnis durch Arbeit zu kompensieren, stürzte er sich wie ein Berserker in ungeheure Vorhaben. Er propagierte die Bibelübersetzung ins Tschechische, verfasste Auslegungen der Zehn Gebote und anderes.

Vor allem die Verteidigung von Wyclif lag ihm am Herzen; an dessen Forderung, dass nur die Bibel, die Beschlüsse der älteren Konzilien und die Kirchenväter die einzigen maßgeblichen Quellen für die Gestaltung des kirchlichen Lebens sein sollten, knüpfte Hus nahtlos an. Eines der Hauptmerkmale der römischen Kirche überhaupt, die strenge Hierarchie, lehnte Hus ab. Jesus Christus selbst sollte das Haupt der Kirche sein, ihre höchste, allumfassende Befehlsgewalt. Christus und die Apostel – das waren die zentralen Autoritäten. In Hus' 1412 verfasstem *Tractatus De ecclesia*, seinem theologischen Hauptwerk, heißt es:

> „Der apostolische Stuhl also ist die Vollmacht zu lehren und zu richten nach dem Gesetz Christi, das die Apostel gelehrt haben; auf dem sollen weise Männer sitzen, die den Herrn fürchten, in denen Wahrheit ist und die die Habsucht hassen. O, dass doch dieser Stuhl jetzt solche Männer hätte! Und wo kann man sie sehen? Gewiss in der römischen Kurie, wo sie dem Stuhl des heiligen Petrus vorsitzen, das ist, in der Vollmacht der Apostel sitzen, welche die Vollmacht ist, in geistlichen Dingen zu richten und das Gesetz des Herrn Jesus Christi zu lehren, wenn ausgeschlossen bleibt jene Habgier, Unge-

> rechtigkeit, Überheblichkeit und heiliges Leben herrscht. Erwägen soll also jeder gläubige Jünger Christi, auf welche Weise ein Gebot vom Papst ausgeht, ob es ausdrücklich das Gebot eines Apostels oder des Gesetzes Christi ist oder seine Begründung in Christi Gesetz hat; und wenn er dies erkennt, so soll er ehrfürchtig und demütig diesem Gesetz gehorchen."

Ja, Hus entwickelte sogar die Lehre vom notwendigen Ungehorsam der Kirche, von einem christlichen Widerstandsrecht. Er meint:

> „Wenn er aber wirklich erkennt, dass ein päpstliches Gebot dem Gebot oder dem Rat Christi widerspricht oder der Kirche zum Schaden gereicht, so soll er ihm kühn entgegentreten, auf dass er nicht durch Zustimmung Teilnehmer an einem Verbrechen wird."

Und Hus wird noch deutlicher. Seine Aufforderung, Widerstand zu leisten, richtet sich auch gegen den Papst, sofern dieser von den Gesetzen Christi abweichen sollte:

> „Daher kann man feststellen, dass sich gegen einen vom rechten Weg abweichenden Papst auflehnen dem Herrn Christo gehorchen ist, was besonders bei den Einsetzungen zutrifft, die den Eindruck päpstlicher Begünstigungen machen."

Noch im selben Jahr verhängte Papst Johannes XXIII. über Jan Hus den großen Kirchenbann. 1414 wurde Hus vor das Konstanzer Konzil geladen. Ausgestattet war er dabei mit einem Geleitbrief, den ihm König Sigismund am 18. Oktober 1414 ausgestellt hatte. Der Brief verlieh Hus scheinbar vollkommene Sicherheit auf seinem Weg von Böhmen zum Bodensee:

> „Wir (der König) empfehlen euch allen und jedem einzelnen voll Gnaden den Vorzeiger dieses [Schreibens], den ehrbaren Magister Johannes Hus, Bakkalaureus der heiligen Theologie und Magister

der freien Künste, der vom Königreich Böhmen zu dem allgemeinen Konzil, das in Konstanz stattfinden soll, reist und den wir in unseren und des heiligen Reiches Schutz und Schirm genommen haben. Wir wünschen, dass ihr ihn, wenn er zu euch kommt, gut aufnehmen, freundlich behandeln und ihm in Dingen, die die Schnelligkeit und Sicherheit seiner Reise, sei es zu Lande oder zu Wasser, betreffen, förderlich sein wollet."

Des Weiteren befahl Sigismund, dass es Hus möglich sein solle, mit seinen Dienern, Pferden und seiner anderen Habe über alle Pässe, Häfen, Brücken, durch Länder, Herrschaften – die Liste will kein Ende nehmen – Gaue, Gerichtsbezirke, Städte, Flecken, Burgen, Dörfer und die anderen Plätze des Reiches ohne jede Geldzahlung, ohne Zoll- oder Steuerabgaben und ohne jegliche Behinderung durchzuziehen, zu wohnen, zu verweilen und zurückzukehren. Was sollte Hus mit diesem umfassenden Schutz im Rücken, einem Schutz, der sogar den gesicherten Rückweg versprach, passieren können?

Der Reformator verließ seine Heimat; böhmische Adlige begleiteten ihn. Irgendwann ritten sie ihm voraus, wollten den Papst treffen, um von ihm zu hören, ob es Hus erlaubt sein würde, sich frei in Konstanz zu bewegen, und ob ihm dort wirklich nichts geschehen würde. Johannes XXIII. soll geantwortet haben: „Und wenn er meinen Bruder getötet hätte, nicht ein Haar auf dem Kopf würde ihm gekrümmt, solange er in der Stadt weilt." Noch einmal also eine Nachricht, die Sicherheit zu versprechen schien, diesmal von päpstlicher Seite.

Auf dem Weg durch das Reich predigte Hus in mehreren deutschen Städten. Unverkleidet ritt er am 3. November 1414 in Konstanz ein. Er fühlte sich sicher. Das Konzil hatte noch gar nicht begonnen, Papst Johannes XXIII. war jedoch schon da und hatte in der bischöflichen Pfalz Quartier bezogen. In der nicht weit davon gelegenen Paulsgasse kam Hus mit seinen Begleitern unter. Trotz aller Zusicherungen, die ihm im Vorfeld gemacht worden waren, befahlen die Kardinäle am 28. November 1414 seine Festnahme, kaum drei Wochen, nachdem er seinen Fuß in die Stadt gesetzt hatte. Man entschloss sich zu einem förmlichen Gerichtsverfahren gegen Hus. Untersuchungsrichter wurden bestellt. Die Anklage lautete: Ketzerei. Im Dominikanerkloster wurde Hus eingekerkert. Das Kloster lag direkt am Seeufer. Die Bedingungen waren erbärmlich. In der unterirdischen Zelle, in die man ihn steckte, flossen Abwässer. Abfälle wurden hier entsorgt, überall Feuchte und Fäulnis, der Nebel zog durch alle Ritzen. Hus erkrankte schwer. Er bat, einen Advokaten benennen zu dürfen, der seine Sache vor Gericht vertreten möge, da er selbst dafür im Moment zu schwach sei. Die Bitte wurde abgelehnt. Nach kirchlichem Recht dürfe niemand, so hieß es, für jemanden sprechen, der der Ketzerei angeklagt sei.

Ketzerei – der Name ist wahrscheinlich abgeleitet von der mittelalterlichen Bewegung der Katharer – ist das hartnäckige Leugnen oder beharrliche Bezweifeln einer kraft göttlichen oder katholischen Glaubens festgelegten Anschauung oder das Aufstellen einer neuen, im Widerspruch zu dieser stehenden Anschauung. Beides musste nach den Gepflogenheiten der Zeit ausgemerzt werden, mit Stumpf und Stiel. Gegenbegriff für Ketzerei oder Häresie – so der exakte kirchenrechtliche Ausdruck dafür – ist die Orthodoxie, das wahre, echte Glaubensgebäude der Kirche, das sich in den Glaubensbekenntnissen, aber auch in buchstäblich Tausenden von Einzeltexten, die in großen Gesetzesbüchern zusammengetragen wurden, ausgebildet hatte. Nachdem die ketzerischen Bewegungen, die Zweifler an der Gestalt der Kirche, die Konstrukteure der radikalen Gegenentwürfe seit dem hohen Mittelalter rapid zugenommen hatten, hatten sich auch verfeinerte Verfahren der Kirche herausgebildet, damit umzugehen.

Der Prozess gegen Jan Hus war ein solcher Ketzerprozess. Er war – obwohl eine genaue Trennung angesichts der Verschmelzung von Kirche und Welt im Mittelalter akademisch erscheint – kein politischer Prozess, keiner, in dem eine herrschende Macht mit den Mitteln einer vorgegaukelten Justiz den Kampf gegen eine Opposition aufnimmt und bei dem das Urteil von vornherein feststeht. Nein, der Prozess gegen Jan Hus wurde als Ketzerprozess nach den Gesetzen der Zeit korrekt durchgeführt, wie unverständlich das nach unseren heutigen moralischen Maßstäben auch klingen mag. Auch dem König den Bruch des Geleitversprechens, ja Verrat an Hus vorzuwerfen – wie es in Böhmen nach Hussens Tod hundertfach geschah – ist schwierig. Durfte der König einem notorischen Ketzer gegenüber, der auf eine extreme, nicht mehr steigerungsfähige Weise außerhalb jeglicher gesellschaftlicher Bindungen und Normen stand, überhaupt so etwas einräumen? Sigismund war, so wurde erzählt, verstimmt darüber, dass die Behandlung Hus', seine Gefangennahme und sein Gerichtsprozess, wie ein Wortbruch seinerseits aufgefasst werden könnte. Ein englischer Kardinal, so der König, habe ihm jedoch versichert: Einem Ketzer gegenüber gebe es kein Wort, an das sich zu halten man verpflichtet sei. Alle gewöhnlichen Spielregeln seien hier außer Kraft gesetzt.

Der Hauptankläger Hus' war ein Böhme namens Michael, ein Kirchenrechtler, der an der Kurie wirkte. Die Richter waren geradezu handverlesen, Fachleute ersten Ranges, die vielleicht zum Besten gehörten, was das Konzil aufzubieten hatte; die Namen lesen sich wie ein Who is Who damaliger theologischer, wissenschaftlicher Kompetenz. Da war zum einen der Franzose Pierre d'Ailly – mehrfach schon sind wir diesem wichtigen Namen begegnet; da war des Weiteren Jean Gerson, auch er kein Unbekannter mehr, Kanzler der Universität Paris und einer der Leuchttürme der Theologie seiner Zeit; und da war – die dritte uns schon geläufige Figur – der Kirchenrechtler Francesco Zabarella. Keine blinden Eiferer jedenfalls oder dumpfe Demagogen, keine verknöcherten Anhänger eines überkommenen Systems, das sie mit aller Macht verteidigen wollten. Die Namen stehen – das zu begreifen, heißt in den Kern des Verfahrens zu blicken – für Fortschritt, für Erneuerung, für Reform. Und wichtig für das Begreifen des Wesens des Verfahrens ist ebenfalls: Die Hauptzeugen des Angeklagten auf dem Konzil waren seine tschechischen Landsleute, Prager Kollegen der orthodoxen Richtung.

Dreimal wurde Hus dem Konzil zum Verhör vorgeführt. Das Hauptthema: die theologischen Streitpunkte – Gegenstände, in denen die Richter firm waren, die sie selbst Tag und Nacht beschäftigten. Seltsam zu sehen, wie hier zwei Parteien miteinander rangen, die in ihren Zielen gar nicht so weit voneinander entfernt waren, ja, die im Kern so gut wie dasselbe wollten. Beide, die Konzilsväter auf der einen Seite, Hus auf der anderen, sahen die aktuellen Bedrohungen des „Schiffleins Petri“; beiden ging es um die wahre, um die zukünftige Gestalt der Kirche, die wiedergeboren werden sollte aus der Kraft der Erneuerung. Seltsam – und doch wieder nicht. Denn zwischen Häresie und Orthodoxie ist ja oftmals nur ein schmaler Grat, und manchmal ist Häresie wohl nichts anderes als Orthodoxie, nur von der anderen Seite betrachtet. Wie viele Beispiele gibt es nicht in der Geschichte dafür – das prominenteste ist vielleicht der hl. Franz von Assisi mit seinem Leben in radikaler Armut.

Mehrfach haben die Konzilsväter versucht, Hus Brücken zu bauen, haben sie nach Möglichkeiten gesucht, ihm Auswege aufzutun, um seinen Tod zu vermeiden. Immer weiter wurden die Anklagepunkte in diesem Sinne zusammengestrichen. Der Kern der Anklage stand in Hus' Buch über die Kirche: „Niemand ist Herr, niemand ist Prälat, wenn er sich im Zustand der Todsünde befindet!“ Im Verhör selbst versuchte Hus den Satz zu entschärfen. Er fügte das Wörtchen „in Wahrheit“ (*vere*) dazu: „Niemand ist ‚in Wahrheit‘ Prälat oder Herr ...“ In diesem Moment soll der König, der hier anwesend war, das Verhör unterbrochen und diese Forderung, die er, vielleicht an sein eigenes, alles andere als untadeliges Leben denkend, als zu anmaßend empfand, zurückgewiesen haben: „Johannes Hus, niemand lebt ohne Sünde!“

Brückenschläge der Konzilsväter zu Jan Hus, immer wieder. Höhepunkt des Ganzen: der Besuch eines hochrangigen Konzilsvaters bei Hus im Kerker. Sein Name bleibt unbekannt, doch aller Wahrscheinlichkeit nach handelt es sich bei ihm um keinen Geringeren als Pierre d'Ailly, eine höchste Autorität. Auf einem Zettel soll er Hus eine neue Widerrufsformel gereicht haben, mit Worten, die, wenn der Gefangene zustimme, alle akzeptieren würden. Die Formulierungen, nach der er auch das hätte widerrufen sollten, was er nie behauptet habe, hätten seiner oft wiederholten Behauptung entsprochen, falsch angeklagt zu sein. Er hätte sein Gesicht gewahrt, sein Prestige wäre unbeschädigt geblieben. Doch Hus lehnte ab; er widerrief nicht.

Noch aus dem Gefängnis heraus stand er in regem Austausch mit seinen böhmischen Anhängern, schrieb ihnen Briefe, in denen er sie anhielt, auszuharren in Treue und Demut. Immer mehr begann er sich als Märtyrer zu fühlen. Er schien nun zu wissen, was seine Aufgabe, was der ganze Sinn seines Lebens war: sich zu opfern, weil er sicher war, dass es richtig war, was er sagte und wie er handelte; sich zu opfern, weil er seinem Gewissen nach gegenüber Christus gar nicht anders konnte und sich selber zum Häretiker stempeln würde, wenn er von seinen Auffassungen abwich; sich zu opfern, um dadurch anderen – seinen Brüdern in Böhmen – ein Zeichen der Stärkung, des Glaubens und der Hoffnung zu geben.

Der Scheiterhaufen wird angezündet

Es war die 15. Sitzung des Konzils am 6. Juli des Jahres 1415. Die Zusammenkunft dieses Tages im Konstanzer Münster war ungewöhnlich feierlich gestaltet; man wusste, was auf dem Spiel stand. Auch der König war da, er saß auf seinem Stuhl, angetan mit den Herrschaftszeichen des Reiches. Pfalzgraf Ludwig III. bei Rhein (1410–1436) hielt den Reichsapfel, umgeben von seinem Gefolge.

Die Verkündung des Urteils machte es allen gewiss: Jan Hus musste sterben. Richentals Chronik zeigt seine Degradierung in einer berühmten Abbildung: Zwei Bischöfe, durch ihre Kopfbedeckung eindeutig als solche zu erkennen, nehmen Hus das geistliche Gewand; sie stoßen ihn damit aus dem Klerikerstand aus. Nach der Ausstoßung folgte die Übergabe an die weltliche Gewalt. Sie war notwendig, weil es nach dem frühchristlichen Rechtssatz „die Kirche dürstet nicht nach Blut" im Mittelalter Geistlichen nicht gestattet war, an Maßnahmen der weltlichen Strafgerichtsbarkeit teilzunehmen. Hus wurde von der Kirche an den König und von diesem an den Pfalzgrafen in seiner Eigenschaft als Reichsrichter, vom Pfalzgrafen wiederum an den Konstanzer Vogt Hans Hagen weitergegeben. Die Vollstrecker setzten Hus einen grotesk hohen Papierhut auf, fast fünfundvierzig Zentimeter; darauf geschrieben war seine Missetat: *Haerisiarcha* – „Ketzerführer", darunter abgebildet eine Seele, die von drei Teufeln zerrissen wurde. Ein Name, der verhöhnen, ein makabres Bild, das abschrecken sollte. Alle sollten verstehen können, aus welchem Grund Hus sterben musste – und zum Sterben ging es nun.

In Ketten wurde Hus aus dem Münster geführt. Die Beteiligten begaben sich zur Richtstätte am Bühl zwischen Stadtmauer und Graben, vorbei an einem Scheiterhaufen, auf dem die Bücher des Delinquenten bereits brannten; auch hier war es so, dass, wenn Bücher brennen, bald auch Menschen brennen werden. Zwei pfälzische Diener bewachten den Verurteilten auf seinem letzten Weg. Nach der Fesselung an den Pfahl ritt der Pfalzgraf noch einmal an Hus heran. Er forderte ihn auf abzuschwören und zu widerrufen; vergebliche Mühe nach all dem, was vorher war. Dann das Anzünden des Feuers, das langsame Aufsteigen des beißenden Qualms, noch bevor die Flammen um den Erstickenden züngelten – der Anfang vom Ende.

Ein hussitischer Bericht über den Tod des Jan Hus, verfasst von Petrus de Mladoniovicz († 1451), einem seiner Schüler, betont das Dramatische, das menschlich Ergreifende des Vorgangs. Hus habe, so der Chronist, bald mit lauter Stimme gesungen: „Christus, Sohn des lebendigen Gottes, erbarme Dich unser!“ Dann ein weiteres Lied: „Sohn des lebendigen Gottes, erbarme Dich meiner!“ Zuletzt: „Der du aus der Jungfrau Maria geboren.“ Aber da wehte ihm schon der Wind die Flammen ins Gesicht. Ein paar reflexhafte Bewegungen des Kopfes noch, und es war aus mit ihm.

Es war noch nicht das Ende der Geschichte. Wie bei jedem anderen Ketzertod sollte auch hier nichts mehr an den Toten erinnern. Kein Kult, auch nur mit einer Kleinigkeit, die übrig geblieben war, durfte zugelassen werden. Reliquien, die jemand hätte mitnehmen, die zur Verehrung durch die Anhänger hätten führen können, wären verhängnisvoll gewesen, ein Keim künftigen Unfriedens. Man nahm seine Knochen vom Pfahl; die wurden zerbrochen und zermahlen. Zusammen mit der Asche warf man alles in den Rhein, ein rinnendes Gewässer, das war wichtig, etwas, das alles fortspülen, mitnehmen und nichts mehr übrig lassen konnte.

Wer war Jan Hus? Wir wollen die Frage noch einmal stellen. Der große Prophet war er sicherlich nicht, auch kein die Bewegungen der Zeit an sich ziehender Tribun, allem Zulauf in der Prager Kapelle zum Trotz; vielleicht nicht einmal der entscheidende Kopf des Geschehens, da vor allem John Wyclif, an den er anknüpfte, die maßgeblichen Gedanken lieferte. Nicht zu verwechseln ist er mit den späteren Hussitenbewegungen, die sich – ohne dass sie ihn noch fragen konnten – natürlich auf ihn beriefen, am wenigsten mit den radikalen Taboriten, die weit, fast unendlich weit über ihn hinausgingen. Er war kein böhmischer Savonarola wie im aufgepeitschten Florenz der 90er-Jahre, kein Jan Mathys oder Bockelson, die im ekstatisch aufgeladenen Münsteraner Täuferreich des 16. Jahrhunderts das baldige Paradies versprachen. Dass die Welt kein Paradies sein kann, sie niemals eines sein würde, hat Hus nur zu genau gewusst.

Niemand hat den Kern seines Anliegens so gut in Worte gefasst wie ein Historiker der zweiten Hälfte des 20. Jahrhunderts: Jan Hus war kein Hussit; er wollte keine andere, er wollte eine bessere Welt. Dennoch ist er aus dem nachfolgenden Geschehen nicht wegzudenken, war er, ob er es wollte oder nicht, die Achse des großen Rades, das sich bald nach seiner Hinrichtung zu drehen begann. Das Konstanzer Konzil trägt die Verantwortung für den Tod von Jan Hus; es hat zu dem, was nach ihm kam, maßgeblich beigetragen. Wir bleiben bei dem Bild des Steins, den man irgendwo ins Wasser wirft und dessen Wellen irgendwo an einem anderen Ufer ankommen – der Stein, den man in Konstanz ins Wasser warf, hatte die Form eines Scheiterhaufens.

Hieronymus von Prag

Es war noch nicht das Ende der Beziehungen der böhmischen Reformer zu dem Konstanzer Konzil bzw. des Konstanzer Konzils zu den böhmischen Reformern, langfristig sowieso nicht, aber auch kurzfristig nicht. In den Tagen, in denen Jan Hus verhaftet wurde, eilte Hieronymus von Prag in die Konzilsstadt, vermutlich, um seinem Freund zu helfen. Wie Hus war auch Hieronymus ein Anhänger der Anschauungen Wyclifs; wie Hus wollte auch Hieronymus eine Kirchenreform in Erinnerung an die Urkirche durchführen; wie Hus war auch Hieronymus ein berühmter Prediger und großer, überzeugender Redner, er sogar ausgestattet mit Doktorgraden dreier berühmter europäischer Universitäten, Paris, Oxford und Heidelberg. Irgendwo auf dem Weg von Böhmen nach Konstanz muss Hieronymus erfahren haben, dass auch er – wie sein Freund – verhaftet werden sollte. Er machte kehrt in großer Angst. Kurz darauf wurde er verhaftet, vor das Konzil gebracht und angeklagt. Den Scheiterhaufen vor Augen, widerrief Hieronymus. Er wurde zu lebenslanger Haft verurteilt, das übliche Urteil bei so etwas. Kurz darauf – wie 1431 Jeanne d'Arc in Rouen – der Widerruf vom Widerruf. Das war das sichere Ende, die Verbrennung.

Hieronymus hat in Konstanz für großes Aufsehen gesorgt. Poggio Bracciolini († 1459), einer der wichtigsten Humanisten der italienischen Renaissance, befand sich damals auf dem Konzil; wir haben bereits davon gehört, dass er sich im Herbst 1414 im Tross des Johannes XXIII. befunden hatte, als sein Sekretär. Das Auftreten Hieronymus' vor Gericht muss Poggio zutiefst beeindruckt haben. Wenn es für einen Humanisten ein Lob gab, das zu vergeben war, dann genau das, was Poggio an seinen Freund Leonardo Bruni am 30. Mai 1416, dem Tag der Hinrichtung, schrieb:

> „Ich muss gestehen, dass ich niemals jemanden sah, der in einem Prozess plädierte, dazu in einem Fall, von dem das eigene Leben abhing, der dem Niveau antiker Redegewandtheit, die wir so sehr bewundern, so nahe gekommen wäre."

Das A und O der Humanisten war die Sprache, die lateinische Sprache vor allem. In der Nachahmung antiker Klassiker – des von ihnen regelrecht vergöttlichten Cicero vor allem – strebten sie nach Abwechslung, Schönheit und Eleganz der Formulierungen. Ihnen allen gemein war eine Leidenschaftlichkeit der Rede, manchmal sicherlich auch eine gewisse Selbstverliebtheit in den persönlichen Stil und ein Sich-Berauschen an den eigenen Wortkaskaden, die sie bis ins Endlose trieben. Das Beherrschen von Sprache war ihr ein und alles, ihre Religion; gewählte Worte und dichte Argumentationsketten waren so gut wie immer ihre Zeichen. All das fand Poggio bei Hieronymus:

> „Es war erstaunlich mitzuerleben, mit wie gewählten Worten, mit wie dichten Argumenten, mit welcher Zuversicht er seinen Gegnern antwortete. So beeindruckend war sein Auftreten, dass man sich doch sehr wundert, dass ein Mann von so edlem und ausgezeichnetem Geist sich in Ketzerei verirrt haben soll. Ich kann mir nicht helfen, in diesem letzten Punkt hege ich einige Zweifel. Doch es sei mir fern, hier in einer so heiklen Angelegenheit eine Entscheidung zu fällen. Ich sollte mich der Meinung jener fügen, die weiser sind als ich."

Poggio als Sympathisant des Hieronymus, als Parteigänger eines Ketzers? Sickerte das durch, so war sein Leben bedroht, ganz wörtlich. Peinlich achtete Poggio normalerweise darauf, sich keiner Gefahr auszusetzen. Was war es, das Poggio so beeindruckt hat, dass er sich zu diesen Zeilen in ihrer ganzen Offenheit hinreißen ließ? Es muss in Verbindung stehen mit den Umständen des Todes des Hieronymus, der sich am selben Tag ereignete, an dem Poggio seine Epistel verfasst hat. Der Tod war schrecklich. Hieronymus war ein großer, starker Mann, das wird genauestens überliefert. Der Scheiterhaufen wurde angezündet. Aber im Gegensatz zu Hus, der trotz aller Qualen nur kurz zu leiden hatte, starb Hieronymus nicht schnell. Er hat, bevor er das Bewusstsein verlor, alles mitbekommen und muss auf eine grauenvolle Weise geschrien haben. Richental schreibt dazu:

> „*Und lebt in dem für* (Feuer) *vast* (sehr) *länger dann der Huss und schrayg* (schrie) *vast grülich* (grauenvoll), *denn er war ein vaißter starker man mit ainem schwarzen und dicken bart.*"

Der Tod des Hieronymus muss allen Anwesenden und auch denen, die davon hörten, bis ins Mark gegangen sein, auch Poggio, der mit seinem Brief an Bruni seiner Erschütterung Ausdruck gab.

Johannes Falkenberg und der Deutsche Orden

Der Fall des Jan Hus war nicht die einzige *causa fidei* des Konstanzer Konzils. Zwei weitere Fälle dieser Art, die vielfach miteinander verbunden sind, kommen hinzu: die Verfahren gegen den Dominikaner Johannes Falkenberg († um 1435) und gegen den demselben Orden angehörenden Jean Petit († 1411).

In den letzten Monaten des Jahres 1416 wurde auf dem Konzil eine Schrift bekannt, in der ein Mann namens Johannes Falkenberg darlegte, dass der König von Polen, Władysław Jagiełło († 1434), ein Ketzer sei. Die Schrift häufte Vorwürfe auf Vorwürfe, und das alles in einer Sprache, die an Deutlichkeit nichts zu wünschen übrig ließ: Der König von Polen sei ein schlechter Regent, ein Götze; alle Polen seien Götzenanbeter, sie dienten nur ihrem Abgott Jagiełło. Die Polen und ihr König seien gottverhasste Häretiker und schamlose Hunde, sie seien zurückgekehrt zum Auswurf ihres Unglaubens. Alle, nicht nur die weltlichen Fürsten, auch die Untertanen, die sich zur Vernichtung der Polen und ihres Königs rüsteten, verdienten das ewige Leben. Zweifellos sei es angesichts künftiger Gefahr, die von den Polen für die Kirche zu befürchten sei, verdienstlich, die Polen und ihren König zu töten, bevor sie etwas begangen hätten, verdienstlicher noch als Heiden zu töten – und so, mit solchen Vorwürfen und in diesem Ton, geht es noch lange weiter. Am Schluss der Schrift findet sich die nachdrückliche Aufforderung an die weltlichen Fürsten, mit ihren Heeren all die gotteslästerlichen Polen von der Erde zu vertilgen.

Der Hintergrund dieser Sätze führt tief in die Geschichte des östlichen Europa hinein. 1385 hatte die polnische Königin Hedwig (Jadwiga) einen Ehevertrag mit dem litauischen Großfürsten Jagiełło (litauisch: Jogaila) geschlossen. Im Folgejahr wurde der Vertrag eingelöst, der bis dahin heidnische Jagiełło empfing die Taufe. Als Władysław II. Jagiełło begann er als Erster der jagiellonischen Dynastie Polen zu regieren und versprach dabei, sein Großfürstentum Litauen an das Königreich zu binden und es der katholischen Mission zu öffnen. Das Ereignis schuf – wenn auch nicht geradlinig, sondern mit Unterbrechungen – mit der polnisch-litauischen Union einen der größten Flächenstaaten in der Geschichte Europas. Und es sorgte dafür, dass dem Deutschen Orden – einem geistlichen Ritterorden mit Ursprüngen in der Zeit der Kreuzzüge im Heiligen Land –, der sich seit den 20er-Jahren des 13. Jahrhunderts im Baltikum ansässig gemacht und dort eine mächtige, gut durchorganisierte Herrschaft begründet hatte, eine wichtige Daseinsberechtigung abhanden gekommen war. Wozu noch aufwendig einen Staat unterhalten, der gegen Heiden kämpfen sollte, wenn ringsherum doch so gut wie alles christlich war?

1410 war es zwischen dem Deutschen Orden und einem polnischen Heer zu einer großen Auseinandersetzung gekommen. In einer der größten Ritterschlachten des Mittelalters unterlag der Deutsche Orden unter seinem Haupt, dem Hochmeister Ulrich von Jungingen, dem polnischen Heer bei Tannenberg (polnisch: Grunwald) in Preußen. Der Hochmeister fiel, mit ihm zahlreiche weitere Anführer, fast die gesamte Ordensspitze. Im Frieden, der der Niederlage folgte, musste der Orden den Polen eine hohe Kriegsentschädigung zahlen, dazu das Land Schamaiten abtreten. Die Schlacht ging – ihre unmittelbaren Konsequenzen vielleicht ein wenig übertreibend – in das kollektive Gedächtnis von Deutschen und Polen ein, sie wurde auf beiden Seiten zum Mythos.

Nach der Schlacht von Tannenberg hat König Sigismund versucht, zwischen dem Deutschen Orden und Polen-Litauen in den strittigen Fragen zu entscheiden. Nachdem ein erster Versuch gescheitert war, brachte Sigismund beide Parteien dazu, sich mit einem Schiedsverfahren in Konstanz einverstanden zu erklären. Hochrangige Delegationen wurden dazu von den Ordensrittern wie von den Polen aufs Konzil geschickt. Wichtig erscheint dabei die Tatsache, dass die Verhandlungen, zu denen es in Konstanz gekommen ist, in zwei Teile zerfielen: in eine „weltliche" Hälfte, die die Anfänge der Vermittlungen fortzusetzen versuchte, und in eine „geistliche" Hälfte, in der es um die Samaitenmission – Versuche der Christianisierung eines noch immer heidnischen Volkstammes im nordwestlichen Litauen – sowie um den Häresieprozess gegen Falkenberg ging. Da es sich als unmöglich erwies, einen Schiedsrichter zu benennen, auf den sich die beiden Parteien hätten verständigen können, ist das eigentliche Schiedsverfahren über Vorfragen nicht hinausgekommen. Nur auf dem zweiten Feld, dem geistlichen, ist es in Konstanz zu Entscheidungen gekommen.

Immer weiter – noch bevor seine Schrift auftauchte – brachte sich Falkenberg auf dem Konzil ins Abseits. Es lag auch an ihm selbst. Falkenberg war ein Polemiker durch und durch; er kannte kaum Grautöne, immer musste alles scharf und schneidend sein, auf eine besondere Weise zugespitzt, und durch seine aggressive Wortwahl und seinen unversöhnlichen Ton verletzte er selbst seine besten Freunde – und am Ende auch sich selbst. Der Konstanzer Prozess um die Rechtmäßigkeit des Tyrannenmords und das Schicksal Falkenbergs auf dem Konzil begannen zu verschmelzen. Im Prozess um den Tyrannenmord beteiligte sich Falkenberg als Verfasser mehrerer Schriften gegen Jean Gerson und Pierre d'Ailly. Entschieden sprach er darin den Bischöfen das Recht ab, einzelne Lehrsätze als häretisch zu verdammen; nur der Gesamtkirche oder dem Papst allein, so meinte er, stehe dies zu. Da tauchte – in einer zum Zerreißen gespannten Situation – auf dem Konzil Falkenbergs Kampfschrift auf. Auch wenn wir nicht genau wissen, ob die Polemik im offiziellen Auftrag des Deutschen Ordens entstanden ist, ihre Niederschrift ist zweifellos ein Ausdruck dafür, wie trotzig die Ritter und ihre Freunde versucht haben, dem Dasein des Ordens im Baltikum gerade nach der Katastrophe von Tannenberg einen Sinn zu verleihen. Dazu kam, dass in Konstanz langsam durchsickerte, dass eine von Polen-Litauen geförderte Mission bei den Samaiten höchst erfolgreich verlief – und noch dazu weitgehend ohne Gewalt. Bereits Papst Bonifaz IX. hatte dem Orden eine Fortsetzung der „Schwertmission“ untersagt. Paulus Vladimiri, der berühmte Kirchenrechtler und Rektor der Krakauer Universität, hatte sich nachdrücklich diesem Verbot angeschlossen, und der Auftrag Falkenbergs auf dem Konzil bestand darin, gegen Vladimiri Stellung zu beziehen.

Die Schrift Falkenbergs wurde der Glaubenskommission vorgelegt; der Verfasser wurde daraufhin gefangen gesetzt, ein Häresieprozess gegen ihn eröffnet. Seine Situation war durchaus bedrohlich. Auf Sigismund zu hoffen, war vergeblich geworden, denn der Deutsche Orden hatte sich beharrlich geweigert, sich dem Reich allein zu unterstellen, und war auch gegenüber Plänen des Königs, die Deutschordensritter zukünftig im Kampf gegen die Türken auf dem Balkan einzusetzen, weitgehend resistent geblieben. Der Prozess gegen Falkenberg: Hart wurde über seine Thesen gerungen, doch der Angeklagte hatte insofern Glück, als er in der deutschen Nation auf dem Konzil Fürsprecher fand. Der Benediktiner Nikolaus von Dinkelsbühl († 1433), der berühmte Theologe von der Universität Wien, legte zum Schluss dar, dass die Schrift Falkenbergs zwar zu verurteilen, aber nicht als Häresie aufzufassen sei.

Scharf verurteilt wurde Falkenberg schließlich dennoch: auf Veranlassung der Polen durch das Generalkapitel des Dominikanerordens in Straßburg 1417. Das Urteil lautete: lebenslängliche Kerkerhaft. Der neue, aus dem Konzil hervorgegangene Papst Martin V. erinnerte sich jedoch an Falkenbergs Eintreten für das Papsttum und wollte ihn nicht in lebenslänglicher Ordenshaft belassen. Der Papst nahm Falkenberg mit nach Italien. Hier blieb er bis 1425 in Haft, doch so, dass es für ihn wohl erträglich war. Später war Falkenberg am Basler Konzil beteiligt.

Die Debatte über den Tyrannenmord

„Tyrannis“: Die im Anfang neutrale oder sogar positiv besetzte Wendung für einen allein regierenden Herrscher wurde schon in der Antike zum Inbegriff einer brutalen, verachtungswürdigen Gewaltherrschaft. Auch das Mittelalter hat das Wort in diesem Sinne gebraucht und weiter über seine Bedeutung nachgedacht. Der Philosoph Thomas von Aquin († 1274) unterschied zwischen der Tyrannis eines an sich rechtmäßigen Herrschers und der Tyrannis eines Herrschers, der sich widerrechtlich, also durch Usurpation, die Macht angeeignet habe. Viele andere – vom Thomas-Schüler Aegidius Romanus († 1316) über den Staatstheoretiker Marsilius von Padua († 1342/43) bis hin zum Humanisten Coluccio Salutati († 1406) – beteiligten sich an der Diskussion. Um das Jahr 1400 geriet die Angelegenheit in ein neues Fahrwasser. Heftig gestritten wurde über die Frage, ob man den Tyrannen auch ermorden dürfe – die Schrift Falkenbergs ist nur *ein* Beispiel dafür. Doch die Sache hatte noch einen anderen Hintergrund.

Paris, 23. November 1407. Ein bitterkalter Abend; ein früher Wintereinbruch in der Île de France, die Straßen der französischen Metropole schienen still und leer – und waren es doch nicht. In der Rue Vielle-du-Temple kniete mitten auf dem Pflaster ein Mann mit einer abgehauenen Hand – und noch ehe die Frau des Wächters der Porte Babette, die zuvor die Schritte und den plötzlichen Lärm gehört hatte, reagieren konnte, sah sie, wie dem Mann der Schädel mit einer Axt bis zum Unterkiefer gespalten wurde. Der grausam Ermordete war kein Unbekannter, im Gegenteil: Es war der Herzog von Orléans, der jüngere Bruder des französischen Königs Karl VI. († 1422). Der König war schon seit Langem geisteskrank, der Thron Frankreichs faktisch verwaist. Um die Herrschaft im Land stritten zwei mächtige Männer, der Herzog von Burgund, Johann Ohnefurcht († 1419), und eben Ludwig von Orléans. Frankreich drohte zu zerreißen; ein Bürgerkrieg, der sich, wenn auch mit Unterbrechungen, über Jahrzehnte hinziehen sollte, überzog das Land. Den Mord an Ludwig vom November 1407 aber hatte Johann von Burgund angestiftet; als „intellektuellen Mörder" hat man ihn nicht zu Unrecht bezeichnet.

Der um 1364 geborene, einflussreiche französische Jurist und Theologe Jean Petit erhielt vom burgundischen Hof den Auftrag, den Mord vor Gericht als eine gerechte Tat zu verteidigen. Das Plädoyer, das Petit zur Verteidigung der Tat hielt, ist unter dem Titel „Apologie des Tyrannenmords" (*Apologie du Tyrannicide*) bekannt geworden. Die Bewertung der Schrift durch die Zeitgenossen ging auseinander. Bekämpft wurde sie vor allem vom uns nunmehr schon bestens bekannten Jean Gerson. Von einem Pariser Konzil wurde die Schrift als „häretisch" verurteilt, doch die Kontroversen gingen weiter. Der Herzog von Burgund erreichte, dass Papst Johannes XXIII. eine Revisionskommission einsetzte. Tätig wurde diese in Konstanz auf dem Konzil.

Als die Konstanzer Debatte über den Fall begann, war Johannes bereits abgesetzt, die Ausgangslage hatte sich also nicht unerheblich verändert. Und es war auch nicht die burgundische Appellation, die am Anfang stand, es war Gerson, der in seiner Funktion als Vertreter der Universität Paris und als Gesandter des Königs von Frankreich auf eine Entscheidung des Konzils in der Frage des Tyrannenmords drängte. Doch das Verfahren war kein Selbstläufer; niemand schien es richtig steuern zu können, nicht nur wegen des prekären Gegenstands an sich. Immer wieder geriet die Auseinandersetzung über den Tyrannenmord in den Strudel des großen politischen Geschehens in Europa. Wie sehr das Konstanzer Konzil – und zwar in seiner gesamten Zeit! – wie mit einem Brennglas politische Veränderungen der damaligen Gegenwart auffing und bündelte, zeigt sich hier besonders deutlich: ein Friede des Dauphin, des französischen Königsnachfolgers, mit Burgund; das Aussenden einer neuen Gesandtschaft aus Frankreich nach Konstanz mit dem Auftrag um Zurückhaltung in der Petit'schen Frage; der neuerliche Ausbruch des Hundertjährigen Krieges zwischen England und Frankreich und der triumphale Sieg des englischen Königs Heinrich V. († 1422) in der Schlacht von Azincourt (25. Oktober 1415); die Entfernung Sigismunds vom Konzil, der im Laufe des Verfahrens von Konstanz zunächst nach Narbonne aufbrach, um dort mit Papst Benedikt XIII. zu verhandeln, und dann von Narbonne aus nach Paris und nach England weiterreiste, um sich um einen Vermittlungsversuch zwischen den verfeindeten Ländern England und Frankreich zu bemühen – das alles wirkte auf das Verfahren ein.

> „Gott sei Dank – nach der Abreise des Königs konnten die Gesandten sicherer und freier den Prozess führen, und mit reiflicher Überlegung. Nun zeigt sich auch, was für ein Glaubenseifer es war, den Gerson und seine Gefolgschaft zur Schau trugen; es wurmt sie, dass die Verhandlung nicht nach ihrem Sinne ging, und viel mehr noch, dass in Frankreich der Friede wiederhergestellt worden ist."

So schrieb am 6. September 1415 ein Mann aus der unmittelbaren Umgebung des Führers der burgundischen Gesandtschaft an einen Pariser Freund. Die Debatten gingen über Monate hin und her, über jeden Passus wurde gerungen. Am 4. Juli 1415 wurden vom Konzil zunächst Jean Petits Thesen über den Tyrannenmord in dessen Schrift *Quilibet tyrannus* als häretisch verurteilt:

> „Der Satz ‚Jeder beliebige Tyrann kann und muss erlaubtermaßen und verdienstvollerweise von einem jeden seiner Vasallen oder Untertanen getötet werden, auch durch heimliche Hinterhalte und feingesponnene Schmeicheleien und Kriechereien, trotz irgendeines geleisteten Eides oder eines mit ihm abgeschlossenen Bündnisses, ohne dass das Urteil oder der Auftrag irgendeines Richters abgewartet wird', ist irrig im Glauben und in den Sitten; und das Konzil verwirft und verurteilt ihn als häretisch, anstößig und den Weg zu Täuschung, Lug, Trug, Verrat und Meineid bereitend. Außerdem erklärt, entscheidet und definiert es, dass diejenigen, die diese äußerst verderbliche Lehre hartnäckig vertreten, Häretiker sind."

Die Entscheidung war keine Entscheidung, sie wurde später aus formalen Gründen „kassiert". Das Endurteil erfolgte am 15. Januar 1416. Das Pariser Urteil wurde darin – ohne Nennung von Gründen – mit allen seinen Folgen aufgehoben. Doch allein die Aufhebung des Urteils war schon bedeutsam genug. Eindrucksvoll hatten die Richter des Konzils ihre Macht bewiesen. Noch mochte der radikale Flügel der französischen Partei glauben, dass Sigismund hinter ihnen stehe.

Reform von Kirche und Reich

Reform war eine der großen Ideen der Zeit, wenn nicht überhaupt die Idee; das ganze Konstanzer Konzil – so unbefriedigend hinsichtlich der Reformbeschlüsse der Ausgang für viele auch gewesen sein mochte – ist ein Beweis dafür. Debatten über Debatten wurden auf dem Konzil geführt über den zukünftigen Zustand der Kirche. Auffällig ist, dass sie nicht selten verklammert wurden mit einer Diskussion über das zukünftige Aussehen des Heiligen Römischen Reiches. Beides – Reform der Kirche und Reform des Reiches – gehörte in den Köpfen der Zeit zusammen.

Denn auch um den Zustand des Reiches machte man sich seit Langem ernsthaft Gedanken, vor allem in jener Gruppe, die wir heutzutage als „gelehrte Juristen" bezeichnen, einer leistungsstarken Bildungs- und Führungsschicht in der engsten Umgebung von Fürst und König, ohne die wir uns heute das Funktionieren der damaligen Politik gar nicht mehr vorstellen können – und genau diese Schicht finden wir auf den spätmittelalterlichen Konzilien wieder, maßgeblich beteiligt auch an der kirchlichen Reformdiskussion. Viele in dieser Schicht empfanden das Reich – vor allem das Königtum als eine seiner zentralen Einrichtungen – als saft- und kraftlos, sie litten am Unvermögen der Zentralgewalt, für Ordnung zu sorgen, das Recht zu wahren oder wiederherzustellen. Und sie litten auch an der allgemeinen Ungerechtigkeit: „*Gehorsamkeyt ist tod / gerechtigkeyt leyt not / nichts stet in rechter ordenung*" – so heißt es programmatisch in der Schrift eines unbekannten Teilnehmers des Basler Konzils, das sich, wie seine Vorgängerveranstaltung, gleichfalls mit diesen Themen herumschlug. Eine Vielzahl von Schriften – ähnlich dieser – ist im 15. Jahrhundert über den Gegenstand entstanden, mit zum Teil kühnen, ebenso in die Zukunft weisenden wie manchmal auch die Bereiche der Utopie, ja des Traums streifenden Gedanken. Nicht immer wissen wir, wie die konkrete Wirksamkeit dieser Texte, die man ein wenig spöttisch als „Lieblingskinder der deutschen Geschichtswissenschaft" bezeichnet hat, einzuschätzen ist, denn viele sind nur in wenigen Handschriften überliefert.

Konstanz, im Sommer 1417: Der kurpfälzische Rat Job Vener – wir sind dieser wichtigen Figur, die vielen als eine geradezu modellhafte Gestalt in der Riege der gelehrten Juristen erscheint, bereits begegnet – legt sein von der modernen Wissenschaft abkürzend so genanntes *Reformavisament* vor. Die Schrift gehört, ihrem Ursprung nach, in die Diskussionen über die nach der Beseitigung der drei Päpste lebhaft erörterte Frage, wie der neue Papst zu wählen sei; sie wollte zunächst nichts anderes sein als eine Stellungnahme zu einem von den Kardinälen am 29. Mai 1417 vorgelegten Wahlmodus. Was dabei herauskam, war freilich weniger eine schlichte „Stellungnahme“ über eine tagesaktuelle Einzelfrage, sondern eine gelehrte, gedanklich weit ausholende Abhandlung über die Reform der Kirche und des Reiches, in der Job vor allem die Papstwahl durch eine Reform des Kardinalskollegs dauerhaft neu geregelt sehen wollte. Der Hauptgedanke für die Kirche bestand für ihn in einer Vergrößerung des Kardinalskollegiums: Insgesamt 72 Kardinäle solle es geben, die aus dem gesamten, in 72 Provinzen gegliederten Erdkreis zu wählen seien; ein biblisches Modell: Wie es 72 Jünger Christi und 72 Sprachen auf Erden gebe, so müssten die Nachfolger der Kardinäle wenigstens jeder eine Weltsprache vertreten, wenn der Missionsbefehl Christi erfolgreich befolgt werden solle. Job schlug aber auch vor, das Kardinalskollegium inhaltlich radikal umzubauen, ihm eine ganz neue, über die Papstwahl weit hinausgehende Bedeutung zu verleihen: Die Kardinäle sollten, seinen Vorstellungen gemäß, zukünftig die Kirche als Ganzes repräsentieren, ja eine Art „permanentes Konzil“ bilden.

Von vielen der großen Theoretiker und Vordenker der Kirchenreform immer wieder gefordert wurde neben einer Reform der Kirche eine Reform des Reiches. So schrieb Dietrich von Nieheim († 1418), ein aus Westfalen stammender Kuriale und prominenter Teilnehmer des Konstanzer Konzils:

> „Es ist ganz tunlich, dass ebenfalls auf diesem Konzil geschehe (nicht nur die Einigung der Kirche, sondern) auch die Reformation des römischen Imperiums, ohne dessen Heilung und Wiederherstellung die Christenheit nicht in guter und heilbringender Weise gegen die Ungläubigen verteidigt werden kann.“

Für Job Vener schien das alles ohnehin klar: „Für die Reform des ‚heiligen Reiches‘ gilt in vielem das gleiche Prinzip wie für die Reform des Papsttums“, so formulierte er, und er hatte in seiner Schrift folgenden Vorschlag parat: Dreh- und Angelpunkt müsse die Freiheit der Reichsstände, also der Fürsten und der Städte, sein. Nur dann, wenn die Stände das Kaisertum nicht wie einen Tyrannen fürchten müssten, könne eine Reform gelingen. Keine übermäßige Steuer solle die Stände belasten, Gerechtigkeit könne nur herrschen, wenn die „Unteren" die „Oberen" nicht fürchten müssten. Job schrieb als gelehrter Jurist, als ehemaliger Rat des römisch-deutschen Königs Ruprecht und – auf dem Konzil – als derzeitiger Rat des Pfalzgrafen Ludwig. Kein Wunder also, dass sich das Gerüst der Reform auf die Räte stützen sollte. Wie die Kardinäle, die von den 72 Provinzen des Erdkreises gewählt werden sollten, seien die Räte von den Ständen zu wählen. Die Aufgabe, die Job den Gewählten zumessen wollte, bestand offensichtlich darin, das Hofgericht, die zentrale Justizinstanz des Reiches, wieder durchsetzungsfähig zu machen.

Was brachte diese Schrift Job Veners? Was brachten die Reformschriften des späten Mittelalters insgesamt? Wo lag ihr unmittelbarer Nutzen? Wer nach einem *praktischen* Nutzen in der damaligen Gegenwart sucht, wird zwangsläufig enttäuscht werden, denn er wird ihn kaum finden. Und auch der Nutzen in der Zukunft sah in den seltensten Fällen so aus, wie ihn die Verfasser dieser Schriften beschrieben haben. Also nur Traum, nur Utopie, und gar keine Wirklichkeit? Das dann doch wohl nicht; die Schriften waren Würfe, die man wagte, und wie wenig manche auch ihr Ziel erreichten, sie waren Teil der damaligen Wirklichkeit, Ausdrücke des Leidens an der Gegenwart, des Wunsches nach Veränderung.

Einiges wurde – langfristig gesehen – umgesetzt, vielleicht nicht so, wie die Verfasser dachten, aber ähnlich; anderes gar nicht. Man wird, will man eine gerechte Bewertung anstreben, wohl unterscheiden müssen. Wenn die Schriften Teil eines offenen Gesprächs waren, haben sie den Fortgang der Gespräche insgesamt weitergetragen: oftmals schwer zu verfolgen für die Nachlebenden, nur mühevoll zu erkennen in den Stationen der Übergabe, aber doch vorhanden und, will man nicht alles, was sich nicht in barer Münze auszahlt, aus der Geschichte einfach wegklappen, des Erkennens und Begreifens der Späteren durchaus wert.

Konstanz zur Zeit des Konzils als Bühne des Reiches

Konstanz und sein Konzil 1414–1418 – das war immer sehr viel mehr als nur eine Stadt und ihre Kirchenversammlung. Das Konzil war auch eine Bühne des Heiligen Römischen Reiches. Nicht nur, dass das Konzil als Ganzes für das Reich zur Bühne wurde, weil hier viele seiner Großen – an der Spitze der König selbst – in wichtigen Rollen beteiligt waren und in jeder dieser Rollen, ob sie es wollten oder nicht, auch in das Reich hineinwirkten. Zur Bühne des Reiches wurde das Konzil aber auch in konkreten Fragen des politischen Alltags, der zahlreichen Einzelgeschäfte, die im Reich zu erledigen waren und für die die Stadt zur Zeit des Konzils einen besonderen Rahmen bot. Und zweimal – 1415 und 1417 – fand zur Zeit des Konzils in Konstanz sogar ein Reichstag statt.

Am 18. April 1417 wurde auf dem Marktplatz von Konstanz der Nürnberger Burggraf Friedrich VI. aus der Familie der Hohenzollern mit der Mark Brandenburg belehnt: der Beginn der Herrschaft der Hohenzollern in der Mark; ein Ereignis mit weitreichenden Folgen, bis 1918 und indirekt noch weit darüber hinaus. Ein Lehnsverhältnis musste im Mittelalter – wie in der Zeit danach – in der Regel mit einer förmlichen Belehnung begründet werden, die das Verhältnis von Lehnsherrn und Vasall nach außen hin sichtbar demonstrierte. Ganz bestimmte Gebräuche hatten sich dabei herausgebildet. Die Belehnung eines Fürsten mit einem Reichslehen durch den König oder Kaiser war im Laufe des Mittelalters zu einem Schauspiel geworden, das regelrecht inszeniert wurde. So war man schon seit geraumer Zeit geradezu folgerichtig auf die Idee gekommen, für die „Vorstellung“ einer solchen Belehnung eigens eine Bühne zu zimmern. Die Bühne, die im April 1417 auf dem Konstanzer Marktplatz stand, hatte Platz für ungefähr 30 Personen – kein klappriges Gebälk, dem die Not des Augenblicks noch anzusehen war, sondern vollständig behängt mit goldenen Tüchern, was bei den Anwesenden, die bemerkten, die Bühne brenne vor Gold, großen Eindruck hinterlassen haben muss.

„Haus zum hohen Hafen am obern Markt"

Der Marktplatz war voller Menschen; die wenigen Glücklichen, die hier ein Haus besaßen, schauten über das Gewühl, genossen die Logenplätze an ihren Fenstern. Das Zeremoniell als solches war genau durchdacht. Auf der Bühne Platz genommen, noch bevor das Zeremoniell begann, hatten drei Kardinäle sowie der Kanzler des Königs. Die Bühne war geschickt an ein Haus gebaut, und so konnten, während der Vasall die Treppe hinaufsteigen musste, der König und die Kurfürsten aus einer Fensteröffnung des Hauses zu ihren Plätzen gelangen. Der König kam, angetan mit einem goldenen Gewand und mit der Krone auf dem Haupt; der ganze Marktplatz musste schweigen. Demütig standen die Kardinäle vor dem König auf, großzügig hieß er sie sich sofort wieder niederzusetzen; er war hier – zumindest diesen gegenüber – der Herr des Geschehens. Sigismund nahm auf dem Thronsessel Platz, die Kurfürsten überreichten ihm die Reichsinsignien, Zeichen ihrer Teilhabe am Reich. Trompetenschall und Pfeifenklang; dann wieder, als starker Kontrast, plötzlich Stille – und in diese hinein der Ruf: Der Burggraf soll auf dem Podest erscheinen! Mit seinem großen, prächtig geschmückten Gefolge war dieser – noch vor der Zeremonie – dreimal durch die Stadt geritten. Noch auf dem Pferd sitzend, hatte er nur auf dieses Signal gewartet.

Das war sein Einsatz, den Regeln des Schauspiels gemäß. Der Burggraf stieg vom Pferd, ging auf die Bühne, die Treppe hinauf, die erst jetzt zum sichtbaren Vehikel der Demonstration des Rangunterschieds der Hauptbeteiligten, zwischen Lehnsherrn und Vasall, wurde. Vor dem König sah man den Burggrafen niederknien, in den Händen zwei Banner. Der Lehnseid wurde verlesen: das, was ein Fürst des Reiches zu tun, was er zu befolgen hat. Sigismund nahm die Banner in Empfang, der Burggraf leistete den Eid, so wie er ihn gerade gehört hatte – und hatte jetzt alles getan, um mit den beiden Fahnen, die er vom König empfing, mit der Markgrafschaft Brandenburg und der Burggrafschaft Nürnberg belehnt zu werden.

Mit einem Festmahl, das an nichts fehlen ließ, was die edlen Herren den Tag über und vor allem während der Zeremonie vermisst haben mochten, klang der Tag aus.

Mit der Belehnung Friedrichs auf dem Konstanzer Marktplatz aber war das Zeremoniell zur Belehnung eines Reichsfürsten vollständig abgeschlossen. Nichts Neues musste mehr hinzutreten. Auch das bot die Stadt Konstanz zu der Zeit, als in ihren Mauern die große Versammlung der Jahre 1414–1418 stattfand. Und auch das gehört somit in die Geschichte ihres Konzils.

Exotisches Flair am Bodensee: Einen riesigen Auerochsen sandte der König von Polen aus Litauen zum Konzil.

II.
Konstanz zur Zeit des Konzils

Eine Stadt stellt sich vor – Wo das Konzil tagt

Windig und trüb war es am Bodensee in den Wintermonaten des ersten Konzilsjahrs. Kaum ein Sonnenstrahl durchdrang die dichte Wolkendecke und das beständige Prasseln des Regens betäubte die Ohren, so berichtete der Italiener Benedetto da Piglio an seinen Bruder: „Bald herrscht Wind, bald Schnee, bald Regen, bald gleichzeitig Regen und Schnee, und mitunter trifft alles zusammen.“ Doch die Widrigkeiten des Wetters vermochten den positiven Gesamteindruck nicht zu beeinträchtigen. Der Frost sei nicht so schneidend, wie zunächst befürchtet; in Bologna habe man kältere Tage erlebt und zudem gebe es warme Herdfeuer und Öfen. Den wenigen Unannehmlichkeiten stellt der Autor die zahlreichen Vorzüge seines Aufenthaltsortes gegenüber: Das kristallklare Wasser des Sees weiß er ebenso zu preisen wie den von allen Göttern gesegneten Überfluss an Speisen: „Konstanz ist eine kleine Stadt, kann aber auf wunderbare Weise viele Menschen aufnehmen. In der Länge hat sie eine Ausdehnung von zwei guten Bogenschüssen; sie ist aber nur einen Bogenschuß breit.“ Italien möge nur schweigen. Kaum eine Stadt dort sei in der Lage, die Bürde eines allgemeinen Konzils zu tragen.

Mit seinem Lob stand der Italiener nicht allein. Sein Landsmann Leonardo Bruni stimmte mit ein, indem er den Tagungsort als „eine Stadt, die nicht groß, aber reich und wohlgebaut ist“, bezeichnete. Ebenso angetan äußerte sich der päpstliche Kanzleischreiber Dietrich von Nieheim. Der gebürtige Westfale verwies zwar darauf, dass Konstanz im Vergleich mit anderen deutschen Städten klein sei, fügte jedoch erfreut hinzu: „Aber es ist eine schöne Stadt und hat eine reizende Lage. Hier ist eine gesunde und für jede Nation und jedes Alter bekömmliche Luft.“

Die drei Urteile laufen jenseits der Würdigung der idyllischen Seelage in einem Punkt zusammen: Sie verweisen auf die geringe Größe der Stadt, die Italienern und Deutschen gleichermaßen ins Auge springen musste. Moderne Schätzungen besagen, dass zu Beginn des 15. Jahrhunderts sechs- bis achttausend Menschen innerhalb der Mauern von Konstanz lebten. Mit den bevölkerungsreichen Handelsmetropolen Süddeutschlands konnte die Stadt schwerlich konkurrieren: Augsburg und Nürnberg besaßen mehr als 20 000 Einwohner und selbst Ulm und Straßburg werden die Bodenseestadt übertroffen haben. Dennoch darf man nicht übersehen, dass Konstanz, gemessen an seiner Einwohnerzahl unter den Städten des Reiches bereits zur fünf Prozent starken Spitzengruppe zu zählen ist. Zahllose Kleinstädte beherbergten nur einige hundert Menschen.

Zudem befand sich die Konzilsstadt erkennbar im Aufwind. Erst um 1410 war die damals noch spärlich besiedelte Vorstadt Stadelhofen durch einen Ausbau der Mauer in das Stadtareal einbezogen worden. Noch im Verlauf des Konzils gelang es den Konstanzern zudem, auch das Dorf Petershausen jenseits des Rheins in ihren Gerichtsbezirk einzugliedern. Auch die als „Paradies“ bezeichnete Weingarten- und Fischersiedlung im Westen war in den vorausgegangenen Jahrzehnten dem Rechtsbereich der Stadt unterstellt worden. Der große Stadtbrand des Jahres 1398 hatte keineswegs zur Stagnation geführt, sondern im Gegenteil eine rege Bautätigkeit angestoßen: Konstanz konnte sich den Konzilsgästen im erneuerten Gewand einer dynamisch aufstrebenden Mittelstadt präsentieren.

Aus dem Meer der Häuser und Gassen stachen einige markante Gebäude heraus. Ein Kranz von Kirchen schmückte die ehrwürdige Bischofsstadt, in seinem Zentrum die dreischiffige Münsterbasilika. 1089 geweiht, hatte die Domkirche im Lauf der Jahrhunderte mehrfache Um- und Ausbauten erfahren, erst 1378 etwa war der Südturm fertig gestellt worden. Sie diente dem Konzil als Tagungsort, hier bestieg der neue römische Pontifex im November 1417 offiziell den Stuhl Petri. Der Ort war dieser Zeremonie durchaus angemessen, hatten sich doch die Konstanzer Bischöfe bereits in ottonischer Zeit bemüht, ihren Kathedralsitz zu einem „zweiten Rom“ auszugestalten. Durch planmäßige Anlage und Gründung der Pfarrkirchen St. Johann, St. Paul und St. Lorenz und der Klosterkirche Petershausen hatte man unter Einschluss des Doms Unserer Lieben Frau das Ensemble der fünf römischen Patriarchalkirchen nachgebildet. Zu ihnen gesellte sich die prachtvolle Marktkirche St. Stefan als Mittelpunkt des bürgerlichen Gottesdienstes und Sitz der päpstlichen Gerichtsbarkeit in der Konzilsära. Die vielgestaltige Sakrallandschaft der Stadt wurde ergänzt durch die Stätten monastischen Lebens, namentlich die eindrucksvollen Klosteranlagen der Dominikaner auf der östlichen Rheininsel, der Franziskaner an der westlichen Stadtmauer, der Augustinereremiten im Süden sowie der dominikanischen Frauenkonvente Zofingen und St. Peter an der Fahr.

All dies scheint den Konzilsreisenden Benedetto da Piglio indes wenig beeindruckt zu haben. Statt der frommen Fassade widmet er den weltlichen Bauten der Stadt seine ganze Aufmerksamkeit. Er erwähnt die Rheinbrücke ebenso wie die drei Landungsstege und beschreibt fünf feste Stadttore, die am Beginn der Handelsstraßen nach Frankreich, Italien und die verschiedenen Regionen des Reiches lägen. Als einzigem Gebäude gedenkt er des Rathauses als Sitz der kommunalen Selbstverwaltung. Kaum Beachtung schenkt er den rund 700 Bürgerhäusern der Stadt, die ihn mit ihren Laubengängen und zur Straße hingewandten Traufdächern an das charakteristische Ambiente seiner mittelitalienischen Heimat erinnert haben mögen.

Die Konstanzer Kernstadt war zu Zeiten des Konzils alles andere als ein schlichtes Hüttendorf. Dicht an dicht standen hier drei- bis viergeschossige Wohnhäuser, errichtet zumeist auf einem festen Steinfundament, die oberen Stockwerke in Fachwerkbauweise ausgeführt. Die unteren Geschosse beherbergten oftmals Geschäftsstuben, Werkstätten oder Lagerräume, während darüber die Wohnquartiere mit zwei bis drei Kammern und einer beheizbaren Stube lagen. Auf einem kleinen Hof zur Rückseite hin befand sich zumeist das mit dem vielsagenden Ausdruck *sprachhus* bezeichnete Aborthäuschen.

Einige Gebäude ragen deutlich aus dem übrigen Baubestand hervor. Mit bis zu 30 Metern Höhe in fünf Geschossen greifen sie bewusst die Turmarchitektur des adligen Burgenbaus auf und lassen mit einer gehobenen Innenausstattung den gesellschaftlichen Status ihrer Bewohner sichtbar werden. Unterstrichen wird dies noch durch den in Konstanz üblichen Hausnamen: Das „Hohe Haus" am oberen Fischmarkt gehörte ebenso wie das „Haus zum hohen Hirschen" und das „Haus zum hohen Hafen" zu den exklusiveren Wohnquartieren. Wohlstand und soziale Geltung konzentrierten sich im Westteil der Stadt, insbesondere entlang der heutigen Hussen- und Wessenbergstraße. Klangvolle Namen ließen sich jedoch an allen Ecken finden: Ob „Weißer Windhund", „Meereswunder", „Zum schwarzen Schild" oder „Zum Narren" – in Konstanz besaßen die Häuser eine unverwechselbare Persönlichkeit.

Auch auf Charakter und Leumund der Hausbewohner warf man ein prüfendes Auge. Als großer Grundeigentümer in der Konstanzer Neugasse achtete der Patrizier Eberhard von Kreuzlingen jedenfalls genau auf die Auswahl seiner Mieter: Nur Aspiranten, die er selbst für „ehrbar" erachtete, konnten von ihm ein Hauslehen gegen einen Jahreszins von durchschnittlich sechs Schillingen erhalten. Die neuen Besitzer waren berechtigt, weitere Untermieter aufzunehmen. Sollte einer von ihnen jedoch für unehrenhaft und „den Nachbarn nicht bequem" befunden werden, so behielt sich Eberhard vor, ihm die Haustüre auszuhängen und auf die Straße zu legen und obendrein den Ofen zu zerschlagen.

Noch eine weitere Mietklausel diente dem Erhalt der sittlichen Moral: Diejenigen Hausbewohner, deren rückwärtige Fenster auf die Badestube im Baumgarten blickten, sollten diese mit Tüchern verhängen und vergittern und im Hinterhof keinen Abort anbringen.

Innere und äußere Sauberkeit lag den Konstanzern offenbar am Herzen. „Mit welchem Recht kann sich Balthasar Cossa darüber beklagen, dass ihm die Luft dort nicht zuträglich sei?", so fragte erbost der Kuriale Dietrich von Nieheim. Ihm selbst schien das Klima in der Stadt mehr als bekömmlich. Moderne Zeitreisende freilich würden zweifellos die Nasen über die abstoßenden Gerüche rümpfen, die aus den Hinterhöfen der Häuser und den schmalen, *Ehgräben* genannten Stichgassen aufstiegen. Verschiedene Einträge der Ratsbücher verweisen auf den geringen Standard der städtischen Hygiene: „Der Rat hat verfügt, dass künftig niemand seinen Mist mehr als acht Tage in der Stadt liegen lassen soll“, so beschloss man am 6. April 1429. Den Totengräbern musste 1382 untersagt werden, ihr Arbeitsgerät in den städtischen Brunnen zu waschen, 1388 jedoch wurde der mit der Aufsicht betreute Brunnenmeister verurteilt, weil er seiner Aufgabe nur nachlässig nachgekommen war. Streit erhob sich immer wieder um die Entleerung der zwischen den Häusern liegenden Abortgruben. 1376 setzte sich Johan Lind gerichtlich mit der Ansicht durch, dass die sechs Bewohner seines Hauses den stillen Ort weit weniger beanspruchten als die Kinder der im Nachbargebäude untergebrachten Schule. Bereits 1377 hatte man die Zahl der frei durch die Gassen laufenden Schweine einer Begrenzung unterworfen: Niemand solle bei Strafe mehr als ein Borstentier halten. Damit stand Konstanz indes im Vergleich mit anderen Reichsstädten gut da: In Hamburg waren es immerhin sechs Schweine pro Hausbesitzer, in Ulm zwei und nicht mehr als 24 für den Bäcker. Insofern mag Konstanz, gemessen an spätmittelalterlichen Verhältnissen, tatsächlich ein relativ sauberes Stadtbild geboten haben. Immerhin konnte auch der spanische Reisende Pero Tafur, der hier 1438 Station machte, die Straßen und Häuser als schön bezeichnen.

Die Menschen in den Mauern – Panorama einer Stadtgesellschaft

Nicht allein Steine und Mauern machen eine Stadt aus, sondern die dort lebenden Menschen. Diese Ansicht vertrat der Gelehrte Isidor von Sevilla bereits im 7. Jahrhundert. Als Stadtgemeinde (*civitas*) bezeichnete er dabei „eine durch gesellschaftliche Bande vereinigte Menge von Menschen“. Diese Definition lässt sich mühelos auf die Stadt Konstanz zu Beginn des 15. Jahrhunderts übertragen: Der soziale Kosmos innerhalb des Mauerrings präsentiert sich als engmaschiges Beziehungsgeflecht, durchzogen von herrschaftlichen Abhängigkeiten, politischen Netzwerken und geschäftlichen Verbindungen, getragen und gestützt aber auch von familiärer Herkunft, nachbarschaftlicher Nähe und religiöser Gemeinschaft.

Die Bischofsstadt am Bodensee war zur Konzilszeit längst keine bischöfliche Stadt mehr. In der zweiten Hälfte des 14. Jahrhunderts hatte sie faktisch den Wandel zur Bürgerstadt vollzogen und war rechtlich in die Riege der freien Reichsstädte aufgerückt. Zwar hatte Bischof Heinrich III. von Brandis im Jahr 1357 von Kaiser Karl IV. ein Privileg erwirkt, das ihm noch einmal die volle Gewalt über Gericht, Ämter und Steuerwesen zugestand. Die schriftlich verbrieften Rechte dieser „schädlichen Carolina“ gegen den Willen der Bürgerschaft durchzusetzen, dazu fehlte dem geistlichen Oberhirten indes die Kraft. Die Stadt setzte sich nicht nur in einer erbittert geführten Fehde gegen ihren Bischof zur Wehr, sondern strengte zugleich eine erfolgreiche Klage an der päpstlichen Kurie an. Ein erneutes Eingreifen Kaiser Karls IV. stellte 1372 schließlich die Unabhängigkeit der städtischen

Selbstverwaltung dauerhaft sicher. Ähnlich wie bereits im 13. Jahrhundert Augsburg, Straßburg oder Regensburg hatte auch Konstanz damit die Oberhoheit ihres Bischofs abgeschüttelt und sah sich künftig allein der obersten Reichsgewalt zum Gehorsam verpflichtet.

Dem Ausbruch des Großen Abendländischen Schismas verdankte die Stadt eine weitere Festigung ihrer Unabhängigkeit. Denn als die Kirchenspaltung im Jahr 1383 auch auf das Bistum am Bodensee übergriff, entschieden sich die Bürger wohlweislich, nicht dem Neffen ihres alten Gegners Heinrich von Brandis als neuem Bischof die Tore zu öffnen. Statt seiner konnte am 14. Juni 1384 der durch Papst Urban VI. providierte Kandidat Nikolaus von Riesenburg feierlichen Einzug in Stadt und Kathedrale halten. Prompt nahm dieser in eigener Person das Konstanzer Bürgerrecht an und leistete überdies das Garantieversprechen, „den Bürgermeister, die Räte und die Zunftmeister, die Stadt und alle Bürger von Konstanz, arm oder reich, Frauen oder Männer und diejenigen, die zu ihnen gehören, in Frieden ihre Rechte, Freiheiten und Gewohnheiten genießen zu lassen, die sie bis auf den heutigen Tag besessen und bewahrt haben". Schlaglichtartig wird durch diese Formulierung die Vielfalt des politischen und gesellschaftlichen Lebens im Binnenraum der Bodenseestadt erhellt.

Das Patriziat

„Die Gesamtheit dieser Stadtgemeinde zerfällt in zwei Gruppen", so die sachliche Feststellung des Florentiner Konzilsbesuchers Leonardo Bruni. „Die einen sind von ritterlicher Geburt, die anderen von bürgerlicher." Wie in seiner italienischen Heimat seien diese beiden Fraktionen in Ansehen und Lebensweise strikt voneinander geschieden. Die Ritterbürtigen zehrten von den Einkünften ihrer ererbten Güter, beachteten die Regeln ritterlichen Ehrverhaltens und hielten ihre Reihen penibel frei von Aufsteigern aus niederen Schichten.

Die Sozialstudien des italienischen Gelehrten sind nicht überall zuverlässig, doch erfassen sie präzise den Kern der Konstanzer Gesellschaftsordnung. Tatsächlich stand an der Spitze der sozialen Stufenleiter der kleine Kreis alteingesessener „Geschlechter". Fragt man nach der sozialen Qualität dieser Familien, so darf man mit einer gewissen Berechtigung von einem „ritterlichen Stadtadel" sprechen. In der Mehrzahl erfüllen die Konstanzer Patriziergeschlechter nämlich jene zwölf Merkmale städtischen Adels, die der Ulmer Dominikaner Felix Fabri gegen Ende des 15. Jahrhunderts katalogartig zusammenstellte. Sein Traktat listet dabei keine rechtsförmigen Standeskriterien auf, gewährt aber umso konkretere Einblicke in die kulturelle und ökonomische Lebenswelt städtischer Eliten.

Adelsrang könnten Bürger zunächst dadurch beanspruchen, dass sie Lehensgüter und Burgen des Ritteradels ihr Eigen nannten. Tatsächlich zog es die Konstanzer Patriziergeschlechter seit der zweiten Hälfte des 14. Jahrhunderts immer wieder aufs Land. Als Ergänzung zu ihren repräsentativen Stadthäusern erwarben sie auch außerhalb der Mauern befestigte Ansitze, verknüpft mit Gerichts- und Herrschaftsrechten über die bäuerliche Bevölkerung. Der Gebrauch von Wappen und Siegeln war ebenso Zeichen eines ritterlichen Selbstverständnisses wie die mitunter aufscheinende Anrede als „Herr". Das besondere Vorrecht, einem Landadligen auf Augenhöhe zu begegnen und ihn duzen zu dürfen, nennt Felix Fabri denn auch an vierter Stelle seines Kriterienkatalogs. Im Anschluss daran wird unter den Punkten fünf bis sieben die Beteiligung an höfischen Jagden, Festmählern, Reigentänzen und Turnierveranstaltungen vermerkt. Die Konstanzer Geschlechter besaßen seit der Mitte des 14. Jahrhunderts im Haus „Zur Katz" in der Münzgasse einen zentralen Versammlungsort, der 1424 durch einen stattlichen Neubau in der Münstergasse ersetzt wurde. Dort unterhielten sie eine Trinkstube, die ihnen als Stätte gehobener Geselligkeit diente. Ihre repräsentativen, mit Wappenschilden geschmückten Räume fanden ebenso den anerkennenden Zuspruch auswärtiger Adelsvertreter wie das Niveau der dort stattfindenden Festlichkeiten: „Die Frauen zart und engelhaft, / so schimmernd schön und licht im Glanz, / die haben völlig mich betört / beim Tanz im Haus ‚zur Katz'", so reimte der Tiroler Minnesänger Oswald von Wolkenstein.

Besondere Bedeutung maß Felix Fabri aus gutem Grund den

Turnieren zu, denn diese wären „eine Art Sieb des Adels, durch die man erkennt, welche makellose, wahre Adlige sind“. Der Zugang zum ritterlichen Waffenspiel wurde in der Tat äußerst restriktiv gehandhabt. In einem Sammelcodex der Spanischen Nationalbibliothek findet sich der ausführliche Augenzeugenbericht über das an Fastnacht 1436 zu Schaffhausen ausgetragene Turnierspiel, zu dem auch 20 Gesellen der Gesellschaft der „Katz“ angereist waren. Unter anderem wird dort beschrieben, welchen Wert man bei dieser Gelegenheit der adligen Abkunft der Teilnehmer zumaß: „Niemand durfte eine Dame zum Tanz auffordern außer untadeligen Rittern mit reinem Geblüt von allen vier Großeltern her. Auch zum Turnier ließ man nur Ritter zu, die in allen vier Linien die Ahnenprobe bestehen konnten.“ Wer angetreten war, ohne dieser Anforderung zu entsprechen, oder wer angeklagt wurde, eine Dame gekränkt oder mit Stadtbürgern gegen den Adel konspiriert zu haben, musste sich strenger Bestrafung unterziehen. Seine Mitstreiter warfen seinen Helm vor aller Augen in den Schmutz der Straße oder traktierten den Schuldigen so lange mit Hieben, bis er gedemütigt den Turnierplatz räumte. Dies geschah 1436 mindestens sechs Teilnehmern. Ein renommierter Basler Ratsherr mit internationaler Turniererfahrung etwa „wurde übel geschlagen, und sie zerbrachen ihm den Helm auf dem Kopfe, weil er eine Bürgerliche zur Ehe nahm. So verhasst ist er deswegen, dass sie ihn getötet hätten, wenn er nicht, wie es Brauch ist, zwei Helme, einen kleinen und einen größeren darüber, getragen hätte.“ Die Konstanzer Gesellen kamen hingegen allesamt ungeschoren davon und man vereinbarte, am folgenden Sonntag in der Bodenseestadt erneut gegeneinander anzutreten.

Aus der Warte der heutigen Forschung erscheint es fraglich, ob die Konstanzer Katz-Gesellen den Respekt ihrer Standesgenossen tatsächlich verdient hatten. Zwar sind einige wenige Familien über Generationen auf die ritterlichen Dienstleute des Hochstifts zurückführen. Doch darf man den Kreis des städtischen Patriziats keineswegs als in sich abgeschlossen ansehen. Vielmehr schwand die Zahl der „alten Geschlechter“ bis zum Beginn des 15. Jahrhunderts in erschreckendem Maße dahin. Von den 72 Patrizierfamilien, die im Jahr 1351 in einer städtischen Steuerliste erscheinen, waren 1424 nurmehr 25 in den Gesellenverzeichnissen „der Katz" vertreten. Auch mehr als die Hälfte der 41 Familien, die in einer Urkunde des Jahres 1368 fassbar werden, waren damals nicht mehr präsent. Die Geschlechtergesellschaft zeigte sich ob dieses Schwundes pragmatisch darum bemüht, ihre Reihen durch ausgewählte Vertreter des Handwerks und Handels zu ergänzen. Diese Versuche provozierten 1399 und nochmals 1410 den Beschluss des Rates, dass „niemand, dessen Vater in einer Zunft war oder ist, hier in Konstanz für die alten Geschlechter im Rat sitzen möge". Es war vermutlich dieser Zustand, der den Italiener Leonardo Bruni zu dem Fehlschluss verleitete, dass in Konstanz „über lange Zeit hinweg jeder Stand in seinen Grenzen" bestehen geblieben sei.

Gerade wegen dieses äußeren Anscheins der Exklusivität blieb die Attraktivität der Patriziergesellschaft in den glanzvollen Zeiten des Konzils offenbar ungebrochen. Zahlreiche Zunftangehörige suchten bei Tanzveranstaltungen und Trinkgelagen den Anschluss an die Geschlechter, sodass die Bürgergemeinde sich im Sommer der Jahres 1420 erneut zum Eingreifen genötigt sah. Mit der Begründung, dass „die Zünfte geschwächt und, wenn man dies nicht verhindert, in Zukunft noch mehr beeinträchtigt" würden, verlangte sie definitiv den Austritt ihrer Zunftgenossen aus der Geschlechtergesellschaft.

Lässt sich also ein permanenter personeller Austausch zwischen Bürgern und Patriziern belegen, so verstießen die Konstanzer Geschlechter noch in einem weiteren Punkt gegen die von Felix Fabri formulierten Adelsmerkmale: „Elftens sind Stadtbewohner adlig, wenn sie sich nicht mit dem Handel und gewinnbringenden Geschäften abgeben", so hatte der Dominikaner dargelegt. Für ihn sollte der Adel zwar über großzügige finanzielle Mittel in Form eines wertstabilen „alten Reichtums" verfügen. Den Wechselfällen des täglichen Geld- und Warenumschlags gegenüber schien ihm indes vornehme Zurückhaltung geboten.

Zumindest nach außen hin scheinen die Eliten der Bodenseestadt diesen Schein auch gewahrt zu haben. Eine tiefsitzende Aversion gegen „das Ausüben von Kaufmannsgeschäften und schmutzigen Gewerben" glaubte der Reisende Leonardo Bruni beobachtet zu haben. Zu Unrecht, wie ein Blick hinter die Kulissen des Konstanzer Wohlstands zeigt: Rund ein Drittel der städtischen Vermögensmasse befand sich zu Beginn des 15. Jahrhunderts in der Hand von 58 Angehörigen des Patriziats. Ein Gutteil davon war tatsächlich in Haus- und Grundbesitz langfristig angelegt. Diesem Rentenkapital, das in den Steuerbüchern als „liegendes Vermögen" geführt wird, stand jedoch ein erheblicher Anteil an „fahrender Habe" gegenüber. Die Konstanzer Geschlechter verfügten offenbar über beträchtliche Investitionsmittel: An der Spitze der ersten vollständig erhaltenen Steuerliste des Jahres 1418 stand mit Lütfried II. Muntprat ein Angehöriger einer Kaufmannsfamilie, die ursprünglich aus Oberitalien zugewandert war und spätestens seit 1378 zum Kreis der Patrizier zählte. Gemeinsam mit seinem Bruder Johann veranlagte er beachtliche 7500 Pfund Heller an liegendem Vermögen, während seine Fahrhabe mit 37 500 Pfund Heller einen deutlichen Hinweis auf die Dimension seiner Handels- und Finanzgeschäfte liefert. Deren Erfolg lässt sich schon daran bemessen, dass die beiden ihre Vermögensmasse in den folgenden 13 Jahren zu verdoppeln vermochten.

Die Muntprat exportierten in großem Maßstab Leinwand aus ihrer oberschwäbischen Heimat in alle Himmelsrichtungen und brachten umgekehrt Gebrauchs- und Luxuswaren an den Bodensee. Zur Konzilszeit lässt die Erwähnung ständiger Handelsniederlassungen in Venedig (1404), Barcelona (1406) und Brügge (1410) auf ein rasch expandierendes Kaufmannsimperium schließen. Die Familienangehörigen hielten sich dabei keineswegs nur als stille Teilhaber im Hintergrund, sondern führten persönlich die Geschäfte an vorderster Front. Im Jahr 1388 war Lütfried Muntprat in „wälschen Landen" unterwegs, 1418 geriet er mit seinem Bruder Johann in die Hände korsischer Piraten und erwirkte anschließend vom König die Erlaubnis, sich nach Art adliger Fehdeführung an den Gütern der Herren der Insel schadlos zu halten.

Basis des wirtschaftlichen Erfolgs war ein weitgespanntes Handelsnetzwerk, das wiederum auf der geschickten Bündelung der

Geschäftskontakte mehrerer etablierter Kaufmannsfamilien beruhte. Lütfried Muntprat hatte zu Beginn des 15. Jahrhunderts einen Gesellschaftsvertrag mit zwei Ravensburger Handelsherrn, Henggi Humpis und dem ursprünglich aus Buchhorn stammenden Ulrich Möttli, geschlossen. Die drei Familienunternehmen verschmolzen auf diesem Wege zu einem Gesamtkartell, das als „große Ravensburger Handelsgesellschaft“ bis ins 16. Jahrhundert hinein im Geschäft blieb. In seinem Dunstkreis bewegten sich zahlreiche weitere Patriziergeschlechter, die teils in kurzlebigen Handelskooperationen, teils mit Kapitaleinlagen als Gesellschafter oder als Angestellte an den Aktivitäten des Unternehmens beteiligt waren.

Die Chronik des Ladislaus Suntheim berichtet:

> „Die erste oberdeutsche Gesellschaft ist in Ravensburg erfunden worden, und in diese Gesellschaft sind später die Humpis, Besserer, Täschler, Gäldrich, Muntprat, Neidecke, Ankenreute und andere eingetreten und sie haben Waren in das Königreich Neapel, in die Lombardei, in die Königreiche von Aragon, Valentia, Kastilien und Katalonien ausgeführt.“

Die hier genannten Familien gehören entweder der Ravensburger Patriziergesellschaft „Zum Esel“ an oder sie waren Gesellen „Zur Katz“ in Konstanz. Fast die Hälfte aller dort bis zum Beginn des 16. Jahrhunderts anzutreffenden Geschlechter war in die Geschäfte der Handelsgesellschaft involviert. Die vornehme Trinkstube war daher weit mehr als ein geselliger Treffpunkt, sie war zugleich ein Tummelplatz gut situierter Geschäftsleute. Das Konstanzer Patriziat setzte in Handelsfragen statt auf einen gnadenlosen Wettbewerb mehrheitlich auf ein gemeinschaftlich koordiniertes Vorgehen. Dies umso mehr, als „die Katz“ auch zum Brennpunkt politischer Interessen wurde, die gleichfalls gemeinsam gegen die Konkurrenz gefährlicher Rivalen verteidigt werden wollten.

Die Zünfte

Zwölftens und schlussendlich seien Patrizier adlig zu nennen, so kann man erneut dem Traktat des Ulmer Predigermönches Felix Fabri entnehmen, da „nach alter Gewohnheit zu einem höheren Amt nur einer von ihnen gewählt wird. Und wenn auch ein Zunftmitglied Bürgermeister sein und dazu gewählt werden könnte, so war es doch wirklich nie geschehen, seitdem dieses Gemeinwesen besteht."

Eine solche Sentenz hätte in Konstanz nur bis zur Mitte des 14. Jahrhunderts Gültigkeit beanspruchen können. Rückblickend nämlich vermeldet ein Chronist zum Jahr 1342:

> „Zu dieser Zeit nämlich hatten die alten Geschlechter die ganze Herrschaftsgewalt und alle Ratssitze inne und erwählten diejenigen in den Rat hinzu, die ihnen behagten, denn ihnen stand die Macht zu Gebote, sie nach Belieben auszuwählen."

Über lange Jahre hinweg hatte die Gruppe der Geschlechter die Geschicke der Stadt nach eigenem Gutdünken gelenkt, hatte Gesetze erlassen, „damit sie unserer Stadt und der Gemeinde nützlich sind". Allerdings, so fährt der Verfasser fort, konnte diese Geschlechterherrschaft nicht dauerhaft Bestand haben:

> „Es kam also dazu, dass sich die Gemeinde gegen die alten Ratsherren, die aus den alten Geschlechtern stammten, erhob und sie ganz und gar aus der Herrschaft verdrängten."

Der Schlag gegen die etablierten Zirkel der Macht erfolgte im Handstreich. Die vorweihnachtliche Sonntagsruhe des 22. Dezember 1342 wurde jäh unterbrochen, als bewaffnete Bürger auf den Straßen der Stadt zusammenströmten. Nur zwölf Patrizier traten ihnen in ritterlichen Waffen mit gekrönten Helmen auf dem Obermarkt entgegen. Widerstand gegen die wohlorganisierten Bürger, die seit jeher zur Verteidigung der Mauern Harnisch und Waffen unterhielten, war in dieser Situation offensichtlich aussichtslos. Nachdem die Ratsherren freiwillig ihre Rüstungen übergeben hatten, so fährt der Stadtchronist fort, „fing die Gemeinde an, in Konstanz zu regieren, was vordem niemals vorgekommen war".

Hinter dem Sammelbegriff der Gemeinde verbirgt sich die Mehrzahl der Handel- und Gewerbetreibenden, auf deren Schultern der Konstanzer Wohlstand ruhte. Sie bildeten das Rückgrat des städtischen Gemeinwesens, waren jedoch den Weisungen des Rats in Krieg und Frieden ohne eigenes Mitspracherecht unterworfen. Den Zündfunken für ihre Erhebung lieferte indes weniger revolutionäres Gedankengut, er entsprang vielmehr schwellenden Rivalitäten innerhalb des alten Führungszirkels. So führte die Revolte im Ergebnis nicht zu einem radikalen Umsturz, mit dem neuen Bürgermeister Bartholomäus Burgtor trat sogar wiederum ein Patrizier an die Spitze des Stadtregiments. Die Beteiligten kehrten von der Konfrontation rasch wieder zum bewährten Modell der Kooperation zurück, zumal Überschwemmungen und Teuerungen die Stadt heimsuchten. Die zeitweise aus Konstanz geflohenen Patrizier passten sich offenbar so mühelos den neuen Gegebenheiten an, dass ein Chronist fast resignativ bemerkt: „Danach wurden die alten Räte und die alten Geschlechter innerhalb von sieben Monaten viel einflussreicher und mächtiger, als sie zuvor je gewesen waren."

Die Mobilisierung der gewerbetreibenden Schichten erwies sich aber auf lange Sicht als überaus folgenreich. Zu den ersten Maßnahmen des neuen Rats gehörte es, den verschiedenen am Umsturz beteiligten Berufsgruppen ein organisatorisches Gefüge zu geben. Bereits wenige Tage nach dem Umsturz verkündete das neu gewählte Ratsregiment, „dass wir um des Friedens, der Aufwertung, der Sicherung und der Rechtswahrung willen allen Handwerkszweigen in der Stadt eine Zunft gegeben und zugestanden haben, je nachdem wie es dem Handwerk zweckmäßig erscheint". Angefangen mit den Weinschenken, folgten bald Zunftbriefe für die Gewandschneider und Krämer. Die insgesamt 19 Zünfte, die sich im Verlauf des 14. Jahrhunderts bilden sollten, besaßen eine feste Struktur, die es ihnen zunehmend möglich machte, sich auch politisch innerhalb der Stadtgemeinde zu Wort zu melden. An ihrer Spitze stand jeweils ein gewählter Zunftmeister, dem in Fragen der Gewerbeordnung und der gemeinsamen Trinkstube Gerichtsvollmachten übertragen wurden. Auch bei Streitigkeiten und Vergehen zwischen Zunftmitgliedern, sofern kein Blut dabei vergossen wurde, griff die strafende Autorität der Zunftmeister und ihrer Beisitzer. Unter dem Dach der Zunftorganisation wurden also nicht allein Fragen der Berufsausübung, sondern generell das alltägliche Zusammenleben der Bürgergemeinde geregelt. Nahezu lückenlos erfasste sie die in den Mauern lebenden Menschen, zumal die Erlangung des Konstanzer Bürgerrechts künftig an den Beitritt zu einer Zunft gekoppelt sein sollte. Wer den Alleinvertretungsanspruch der Zünfte zurückwies oder durch eigenes Verschulden den Rückhalt der Gemeinschaft verlor, stand innerhalb der Stadt hingegen nahezu schutz- und heimatlos da. Ihm könnten, so verkündet es selbstbewusst die Zunfturkunde der Weinschenken, künftig „weder König noch Königin, noch Bischof, Stadtrat, Zunftmeister, weder Kleriker noch Laie, weder Frau noch Mann, weder Gold noch Silber und kein anderer Kniff auf Erden helfen".

Der politische Einfluss der Zünfte auf das Stadtregiment hielt sich trotz der Erhebung von 1342 zunächst in engen Grenzen – nicht die Zunftmeister, sondern allenfalls ausgewählte Vertrauensleute des Patriziats durften künftig als Zaungäste den Ratsversammlungen beiwohnen. Doch war das Rad der Zeit nicht mehr zurückzudrehen, eisern hielt die Gemeinde an ihren Errungenschaften fest: „Wenn jemand, wer immer es auch sei, dahin bestrebt ist, die Zünfte wieder aufzuheben, oder etwas unternähme, was den Zünften zum Schaden gereicht, oder die Zünfte in irgendeiner Weise zu unterdrücken versuchte, so soll dieser (...) fünf Jahre aus der Stadt verbannt werden", so ließ man 1343 beschließen. Auf dem Fundament eines festen Zusammenschlusses gründete sich der Erfolg, den die Zünfte in ihrer zweiten großen Erhebung 1370 über die alten Ratsgeschlechter errangen.

Wiederum war es ein frostiger Dezembertag, der die alte Ordnung ins Wanken brachte. Eine Gruppe von 80 Verschwörern hatte sich in der Stadt gebildet, die sich bei der jüngsten Nachbesetzung der Ratssitze benachteiligt sahen. Betroffen waren einzelne Angehörige der Geschlechter, aber auch Zunftmitglieder, „die man nicht einlud und dazunahm, obgleich sie doch geeignet dafür gewesen wären". Die derart Verschmähten wurden indes verraten. Ihre Erhebung scheiterte zunächst am aktiven Widerstand der Ratsherren, die einen der Zunftmeister erschlugen und drei weitere gefangen nahmen. Während sich jedoch die übrigen Aufrührer – so die lebendige Schilderung eines Stadtchronisten – „teils zu Wöchnerinnen flüchteten, sich teils in Frauenkleidern hüllten, mancher sich in einen Taubenschlag einschließen ließ und einige sich unter Stroh vergruben", zogen die übrigen Zunftmeister mit ihren Bannern in militärischer Ordnung auf den Obermarkt. Zunächst schien es so, als wären sie zum Schulterschluss mit den alten Eliten bereit. Doch die Dramatik der Ereignisse, wohl nicht zuletzt Tod und Gefangennahme ihrer Genossen, ließ die Stimmung unter den Zunftbürgern kippen. Von einem Moment auf den anderen wurden die Ratsherren zu Gejagten. Ein wütender Mob zog unter Rufen wie „Aufs Rad mit den Junkern!" durch die Gassen. Nur Gottes unendliche Güte, so ein Geschichtsschreiber, habe die Geschlechter vor dem Schlimmsten bewahrt. Erneut mussten sie ihre Harnische aushändigen und den Empörern „alles, was zur Stadt gehört" übergeben – das Stadtsiegel, die Torschlüssel und das Ratsbuch.

Wiederum aber waren die Wogen der Empörung erstaunlich rasch geglättet. Das Ordnungsdenken des Spätmittelalters sah die Stadt als Schwurgemeinschaft an, die ihre Stärke aus dem Zusammenwirken der unterschiedlichen Kräfte bezog. Aus diesem Ideal einer „Harmonie der Ungleichheit" bezogen Patriziat wie Zunftmeister gleichermaßen ihre Autorität. Ein Ausgleich lag daher letztlich im Interesse aller Beteiligten. Wie in aktuellen Konfliktlagen auch verständigte man sich auf einen auswärtigen Schlichter. Durch den am 21. April 1371 gefällten Spruch des Burggrafen von Nürnberg konnte der Kompromiss alsbald konkrete Gestalt annehmen. Gleich zu Beginn des Schlichtungsbriefes werden Geschlechter und Gemeindemitglieder ermahnt, „dass sie alle gemeinsam, niemanden ausgenommen, gute Freunde seien sollen". Beide Seiten sollten das Stadtregiment künftig in paritätischer Eintracht miteinander teilen. Der Rat wurde je zur Hälfte von Angehörigen der Patrizier und der Zunftbürger besetzt. Für die Tragfähigkeit dieser Vereinbarung spricht, dass sich über die folgenden sechs Jahrzehnte hinweg bei den jährlichen Bürgermeisterwahlen ein nahezu ausgeglichenes Verhältnis zwischen patrizischen und zünftischen Amtsinhabern ergab: „Die Regierung des Gemein-wesens wird von Bürgern und Edlen gemeinsam ausgeübt", so fasste der Florentiner Humanist Leonardo Bruni im Dezember 1414 die städtische Verfassungswirklichkeit zusammen.

Die äußere Fassade der Gleichberechtigung sollte freilich nicht über das Fortbestehen von Spannungen hinwegtäuschen. Gegenüber den „alten Geschlechtern" gewannen die Zünfte im Laufe der Zeit zusehends die Oberhand und besetzten zu Beginn des 15. Jahrhunderts faktisch zwei Drittel der Ratsstellen. Ressentiments gegen ein von Handwerkern geführtes Regiment blieben in den vornehmen Kreisen weiter bestehen. So musste sich der Patrizier Konrad Stickel im Juli 1421 dafür verantworten, dass er sich despektierlich über den Bürgermeister Heinrich Gunterswiler geäußert hatte:

> „Dass er nicht lachen möge, es gab einst einen Schülerbischof (Brauch zum Nikolaustag) und der wurde später zum echten Bischof. Und ebenso gäbe es nun einen Bürgermeister, den wollte man einst nicht einmal zum Ratsknecht und er wäre ein Eseltreiber, ohne den nun niemand einen Finger rühren könne."

Im selben Jahr wurde sein Standesgenosse Ulrich Stainhaus bezichtigt, den zünftischen Ratsherrn Kaspar Gumpost einen rechten Bösewicht und Mörder geheißen zu haben. Subtiler in seiner Kritik ging indes der den Geschlechtern nahestehende bischöfliche Hofadvokat Heinrich Wittenwiler zu Werke. Die Namen der beiden geschmähten Zunftherren finden sich sicherlich nicht zufällig in seinem *Ring* wieder, einer um 1408 verfassten derben Bauernsatire. Der Schwank zeigt das Zerrbild eines rechten Stadtregimente: Im tölpelhaften Rat des Dorfs Lappenhausen sitzen Protagonisten mit solch sprechenden Namen wie „Höllengeist", „Fotzenbart" und „der alte Hosenschiss".

Nicht nur die Zwietracht zwischen Zünften und Geschlechtern lebte über die Konzilszeit hinweg fort, auch innerhalb der Gruppe der Gewerbetreibenden kam es wiederholt zu Missstimmungen. Sorgten die Zünfte durch ihre Monopolstellung für den Wohlstand ihrer Mitglieder, so waren Kompetenzstreitigkeiten kaum zu vermeiden. Auf Klage der Gerber wurde 1413 etwa den Schuhmachern untersagt, unbehandelte Häute anzukaufen. Jenseits des wirtschaftlichen Konkurrenzdenkens traten die Zünfte zudem in einen Wettstreit um Ehre und Ansehen innerhalb der Stadtgemeinde. An Reputation und Reichtum rangierten die am florierenden Handel beteiligten Gewandschneider, Krämer und Weinschenken zunächst weit vor den übrigen Gewerben. Im Juli des Jahres 1389 jedoch suchten die unterlegenen Handwerker, allen voran die Metzger und Zimmerleute, in einem dritten *ufflouf* die Machtprobe: „Dieser Auflauf richtete sich nicht gegen die alten Geschlechter. Er erhob sich ausschließlich gegen einige von den Zünften, die sich große Macht im Rat angemaßt hatten, was die anderen Zunftmeister aus Furcht dulden mussten“, so bemerkt mit erstauntem Unterton der Chronist Gebhard Dacher. Die Auseinandersetzung konnte unblutig beigelegt werden, doch wurde in der Folge der Großteil der Ratsstellen neu besetzt.

Weniger erfolgreich vermochte eine andere Gruppe von Zunftmitgliedern ihre Anliegen zu artikulieren. Im selben Jahr noch kam es zu Unruhen unter den Schneidergesellen, deren Anführer man kurzerhand der Stadt verwies: „Die übrigen mögen arbeiten und demjenigen dienstbar sein, der sie einstellt – andernfalls sollten sie innerhalb von acht Tagen aus der Stadt verschwinden“, so die harsche Anweisung des Ratsregiments.

Wenige Wochen später wurde den „Knechten“ aller Zünfte untersagt, eigene Trinkstuben zu unterhalten und im Jahr 1407 verfügten die Zunftmeister der Schuhmacher *„nach red und widerred*“, dass ihre Gesellen keine eigenen Statuten erlassen oder untereinander Beiträge zum Unterhalt einer Kerze eintreiben sollen. Die städtische Freiheit stieß offenbar an ihre Grenzen, wo die straffe Autorität der Zünfte und ihrer Meister von unten infrage gestellt wurde.

Arm und reich, oben und unten

Konstanz war zu Beginn des 15. Jahrhunderts ein Ort der sozialen Gegensätze. Das Gefälle zwischen Wohlstand und Armut wirkt im Vergleich mit anderen Städten Süddeutschlands besonders ausgeprägt. Die großen Vermögen konzentrierten sich auf einen eng begrenzten Personenkreis, rund zehn Prozent der Steuerzahler des Jahres 1418 verfügten über mehr als zwei Drittel des Gesamtaufkommens. Etwa die Hälfte der Bevölkerung besaß demgegenüber keinen nennenswerten Besitzstand, sie lebten und wirtschafteten im wahrsten Sinne von der Hand in den Mund. Es erstaunt zunächst, in dieser Gruppe neben Tagelöhnern, Hausgesinde und Almosenempfängern auch zahlreiche zünftische Handwerker zu finden. Der Umstand erklärt sich rasch mit Blick auf die Lohntaxen der Konzilszeit. Während ein Maurergeselle mit täglich 18 Pfennigen noch vergleichsweise großzügig entlohnt wurde, erhielt ein Rebknecht in der kurzen Erntesaison nur etwa 12, ein Nachtwächter sogar nur 9 Pfennige ausbezahlt. Die Mietpreise und Lebenshaltungskosten in der Stadt ermöglichten auf dieser Grundlage kaum die Anhäufung einer größeren Barschaft. Das Durchschnittsvermögen der ärmeren Zünfte muss dementsprechend niedrig angesetzt werden: Bei den Badern betrug es 1418 nur 7 Pfund Pfennige, bei den Schneidern 22, während ein Bäcker statistisch betrachtet über immerhin 173 Pfund Pfennige verfügte.

Noch tiefer als bei den Zunftgesellen, wohl um die 6–8 Pfennige täglich, fiel die Entlohnung des häuslichen Gesindes aus, das kaum weniger als ein Fünftel der Stadtbevölkerung ausgemacht haben dürfte. Immerhin empfing das Personal gewöhnlich Nahrung und Obdach im Haushalt ihrer Dienstherren. Die Testamente Konstanzer Bürger belegen, dass aus der räumlichen Nähe mitunter ein enges Vertrauensverhältnis erwuchs. Ihrer Hausmagd Ellen beispielsweise, „die viele Jahre lang in Treue gedient hat", hinterließ Ursel Stockrumlin die beachtliche Summe von 20 Pfund Pfennigen, mehr als zwei Jahreslöhne. Wie wenig angenehm das Leben einer Dienstmagd mitunter gewesen sein mag, wird aus der letztwilligen Verfügung der exzentrischen

Dame Ursula von Lopheim deutlich: Sie hinterließ ihrer Dienstmagd eine gefütterte Jacke mit der Erklärung, dass „sie eine harte Zeit mit ihr gehabt hätte". Bisweilen konnte das alltägliche Miteinander sogar in handfeste Auseinandersetzungen münden. Der Ratsherr Hänni Gudentz geriet bei solcher Gelegenheit derart in Rage, dass er seine „Jungfrau" mit Schlägen bedrohte: „Da floh sie in eine Kammer, die brach er mit einer Axt auf und schlug sie, dass sie blutete." Der Rat sah hierin die Grenzen des hausväterlichen Züchtigungsrechts überschritten. Der reiche Patrizier musste sich daher befehlen lassen, in Zukunft „seiner Jungfrau ihren Willen zu lassen".

Der Klerus

Bereits vor dem Eintreffen der Konzilsgäste war der Klerus im Bild der Stadt allgegenwärtig. Etwa ein Zehntel der Einwohnerschaft gehörte dem geistlichen Stand an. Auch wenn der Bischof sich immer häufiger außerhalb der Mauern aufhielt, waren das Domkapitel und die Dignitäre der bischöflichen Verwaltung nach wie vor in der Stadt beheimatet. Ein eindrucksvolles Panorama des kirchlichen Lebens in Konstanz zeichnet die Konzilschronik des Ulrich Richental. Minutiös wird die feierliche Prozession des einheimischen Klerus am 6. November 1414 in Wort und Bild festgehalten. An der Spitze des Zuges trug man die Kreuze der geistlichen Konvente, namentlich der Kanoniker von Kreuzlingen, der Benediktiner von Petershausen und des Schottenklosters, der Chorherren von St. Stefan und St. Johann und der Pfarrkirche St. Paul „und mit ihnen die Kerzen der Handwerker". Im Anschluss folgten die Schar der Schüler und die Abordnungen der drei Bettelorden der Dominikaner, Franziskaner und Augustinereremiten, „immer zwei nebeneinander". Die Richter und Notare der bischöflichen Kurie folgten ebenso wie die Kapläne und Mönche.

Die Geistlichen waren integraler Bestandteil der Stadtgesellschaft. Die Domherren und Kanoniker rekrutierten sich zu guten Teilen aus den „alten Geschlechtern", zahlreiche bürgerliche Stiftungen belegen das lebhafte Interesse an den Kirchen und Klöstern der

Stadt. Die enge Verflechtung führte indes mitunter zu einer Vermischung von geistlichen und weltlichen Lebenssphären. Der Klerus sei in dubiose Geschäfte verwickelt, so beklagte sich der Rat 1368 an der römischen Kurie. In ihren Häusern würden sie einzelne Kammern an zwielichtige Laien vermieten, zudem „tragen sie Wein, Getreide, Tuche und andere Handelsware zusammen", um sie später zu höheren Preisen wieder zu veräußern. Ein lebendiges, wenn auch zweifellos überspitztes Sittenportrait des Stadtklerus zeichnet ein Schreiben Kaiser Karls IV., der im Jahre 1359 die Konstanzer Domherren für ihren säkularen Lebenswandel geißelt:

> „Sie lassen sich aus den Einkünften der Kirchen und Pfründen besolden und verwenden das Erbteil Christi zu Ritterspielen und Turnieren, tragen ritterliche Mäntel, gesäumt mit silbernen und goldenen Borten, und Reiterstiefel, pflegen sorgfältig Haupthaar und Bart, lassen an sich nichts sehen, was ihren geistlichen Stand verraten könnte, mischen sich in kriegerische und weltliche Geschäfte ein und verbreiten durch ihre Lebensweise und ihre Vernachlässigung der kirchlichen Pflichten allgemeines Ärgernis."

Die ritterlichen Gewänder blieben bei der Geistlichkeit der Bodenseestadt gleichwohl in Gebrauch, sodass im Jahr 1380 der Bischof selbst das Gebot erließ, dass kein Weltkleriker oder Mönch „nach dem Abendgebet ohne ein Licht oder in geschlitztem Rock ausgehen soll". Der Hintergrund dieser Verfügung war ein Vorfall auf nächtlicher Straße, bei dem ein Mönch offenbar mit unsittlichen Absichten ertappt und verprügelt worden war. Vermutlich in Reaktion auf das Geschehen ordnete der Rat im selben Jahr an, „dass kein Geistlicher, er wäre Chorherr, Kaplan, Vikar, Priester, Diakon, Subdiakon, Akolyth, Mönch oder Domschüler, keinem Bürger hier in Konstanz Schimpf und Schande zufüge an seiner Ehefrau, seiner Mutter oder Tante oder seinen Mägden in seinem Haus". Da die Angehörigen des Klerus durch die kirchliche Immunität vor weltlicher Strafverfolgung geschützt waren, stellten die Ratsherren die Bestrafung derartiger Übergriffe kurzerhand in das Benehmen der Betroffenen. Der Rat sanktionierte in berechtigten Fällen die Selbstjustiz der Bürger, indem er ihnen ausdrücklich Straffreiheit und Schutz garantierte.

Die Sicherheitsmaßnahmen der städtischen Obrigkeit ließen sich kaum flächendeckend durchsetzen. Im Jahr 1455 kam es zu einem weiteren Zwischenfall, als der Patrizier Jakob Mangold dem jungen Domherrn Hans von Stoffeln in dunkler Gasse begegnete. Als der Geistliche seinen Namen nicht nennen wollte, griff sein Gegenüber unversehens zum Messer. Das Leben im Zölibat fiel bisweilen offenbar schwer, sodass der Domherr Franz Offenburg im Jahr 1441 bekennen musste, er habe mit verschiedenen Frauen, ja selbst einer Nonne, intim verkehrt und dabei vier Kinder gezeugt. Immerhin wurde ihm ob seines reumütigen Eingeständnisses großzügig die Absolution erteilt. Auch wenn derartige Skandalgeschichten kaum ein repräsentatives Bild der Vergangenheit zeichnen, wird so manchem Konstanzer Bürger die Reform der Kirche nicht nur am Haupt, sondern vor allem an ihren Gliedern mehr als willkommen gewesen sein. Und in der Tat findet sich in den Konzilstexten nicht nur die häufige Mahnung zur Keuschheit, sondern auch das unmissverständliche Verbot für den Klerus, „hinten und an den Seiten geschlitzte Kleidungsstücke mit Pelzfutter, das über den Saum hinausgeht“, zu tragen.

Eine Stadt der Frauen

„Meine edlen, hochverehrten Frauen, gepriesen sei Gott, denn nunmehr ist die Errichtung unserer Stadt vollendet und abgeschlossen. Ihr Frauen der Vergangenheit, Gegenwart und Zukunft: Findet hier eine Bleibe, denn unsere Stadt wurde für alle ehrsamen Frauen gegründet und errichtet.“ Diese Worte der Französin Christine de Pizan beziehen sich auf keinen realen Ort vom Schlage der Konzilsstadt Konstanz. Was die gelehrte Schriftstellerin um 1405 in ihrem *Buch von der Stadt der Frauen* ins Werk setzte, war eine mit der „Maurerkelle der Feder“ und der „Spitzhacke der Vernunft“ geschaffene Utopie. Christine mischte „den Mörtel im Tintenhorn an“, um einen literarischen Rückzugsraum zu errichten, ein schöngeistiges Exil für alle Frauen, die vor den maskulinen Anfeindungen ihrer Zeit eine schützende Zuflucht suchten. Unzählige „teuflische Scheußlichkeiten“ würde die Männerwelt über die Frauen verbreiten, sodass die Autorin selbst einen Augenblick beinahe der Auffassung Glauben geschenkt hätte, „Gott habe mit der Frau ein niederträchtiges Wesen erschaffen“.

„Von Natur aus ist ein jedes Weib, / unkeusch gar an ihrem Leib“, wusste auch der Konstanzer Dichter Heinrich Wittenwiler drei Jahre später die vermeintliche Kernbotschaft der Heiligen Schrift wiederzugeben. Ein Paradies für weibliche Selbstentfaltung wird man in der Stadt am Bodensee wohl kaum erwarten dürfen. Dort herrschte vielmehr ein Zustand, den Christine de Pizan generell in ihrer Zeit für gültig ansah: „Es verhält sich doch so, dass die Männer über die Frauen und keineswegs die Frauen über die Männer Gewalt ausüben; überdies würden die Männer den Frauen niemals Macht über sich selbst zugestehen.“

Von politischen Ämtern und Entscheidungen war der weibliche Teil der Stadtbevölkerung in der Tat gänzlich ausgeschlossen. Das Ratsregiment betrachtete es zudem wie überall im Reichsgebiet als geltendes Recht, dass eine Frau aufgrund ihrer angeborenen Schwäche nicht für sich selbst sprechen und entscheiden könne. Zumindest in offiziellen Angelegenheiten – vor Gericht oder bei größeren Gütergeschäften – benötigte sie einen männlichen Vormund, der ihren Anliegen als „rechter Vogt“ erst Stimme und Gewicht verlieh. Dies waren gewöhnlich Vater oder Ehemann, während verwitwete Frauen eine insgesamt größere Eigenständigkeit besaßen.

Die Gaben des Verstandes habe Gott zu gleichen Teilen unter den Geschlechtern gesät, so glaubte Christine de Pizan zu wissen. Wenn dennoch allenthalben behauptet würde, wie „unendlich überlegen die Männer den Frauen“ seien, so sei dies doch in erster Linie auf das Gefüge der Gesellschaft zurückzuführen. Frauen hätten schlicht weniger Gelegenheit, ihre Fähigkeiten öffentlich unter Beweis zu stellen, da die meisten „sich in ihren Häusern aufhalten und sich damit begnügen, ihren Haushalt zu versehen“. Dieses Urteil mag auf die Mehrzahl der Konstanzer Frauen zugetroffen haben. Die alltäglichen Anforderungen an eine mittelalterliche Hausfrau wird man aus der Warte der Moderne indes schwerlich überschätzen können. Die Sorge um Ehemann und Familie umfasste nicht nur die Bereitstellung der täglichen Mahlzeit – oftmals von Aufzucht oder Ernte bis hin zur finalen Zubereitung. Zahlreiche Gegenstände des täglichen Gebrauchs wurden unmittelbar im Haushalt selbst hergestellt. Dazu zählten an erster Stelle Kleider und Textilien, die oftmals vom Garn bis zum fertigen Gewand mit eigener Hand gefertigt wurden. Für die Komplexität weiblicher Heimarbeit liegt aus Konstanz ein beeindruckendes Bildzeugnis vor: Die sogenannten *Weberfresken* im zweiten Obergeschoß der Chorherrenkurie „Zur Kunkel“, entstanden um das Jahr 1320.

Insgesamt 21 Frauendarstellungen in höfischer Kleiderpracht zieren die Nordwand des repräsentativen Raumes. Die ersten neun Figuren zeigen detailgenau die einzelnen Stadien der Leinenerzeugung. Sie illustrieren damit jenes Gewerbe, bei dem durch die Arbeitsschritte des Riffelns, Schwingens, Hechelns, Spinnens, Haspelns, Schärens, Zettelns und schließlich des Webens aus dem Rohstoff Flachs jene bis nach Italien berühmte *Tela di Constanza* entstand. Die heute vielfach in Vergessenheit geratenen Aufbereitungstechniken werden durch Bildunterschriften nochmals erläutert: „Hecheln will ich treiben / Werg kann ich wohl reiben“, so heißt es über das Auskämmen des Flachsbastes, wobei die kürzeren Fasern als Werg ausgesondert und zu grobem Garn weiterverarbeitet wurden.

Das Wandbild zeigt ferner die Fertigung von Taschen, sechs Stadien der Seidenherstellung sowie vier Freizeitszenen mit sich kämmenden, lesenden, ruhenden und badenden Frauen: „Ich liege hier, wie es die Faule tut, / hinter dem Ofen, das tut mir gut“, lautet die Beischrift. Generelle Faulheit wird man den Konstanzer Frauen jedoch schwerlich unterstellen dürfen. Nach einem aufreibenden Arbeitstag an Spinnrocken und Webstuhl lässt sich ihr Ruhebedürfnis gut nachvollziehen. Auch wenn die farbenfrohen Jungfrauenportraits im Haus „Zur Kunkel“ kaum als naturgetreue Abbilder weiblichen Alltags anzusehen sind: In der Kunstfertigkeit ihres Schaffens erfüllt sich doch der Sinnspruch der Christine de Pizan, dass Frauen „überall dort desto mehr Scharfsinn entfalten, wo sie sich wirklich ins Zeug legen".

Nicht nur im Textilgewerbe waren die Konstanzer Bürgerinnen aktiv. Neben dem Zunftbrief der Schneider sehen auch die Statuten der Weinschenken und Krämer ausdrücklich die Aufnahme von Frauen vor. Neben wohlhabenden Witwen und ins Geschäftsleben integrierten Handwerkergattinnen lebten innerhalb des Mauerrings zahlreiche Alleinstehende, die ihren Lebensunterhalt mit Kleingewerbe und Dienstleistungen bestritten. Die Ratsbücher überliefern etliche Fälle, die einen Einblick in die schwierige Lebenssituation dieser Frauen gewähren: Eine von ihnen war Agnes Bühlerin, die seit dem Jahr 1382 von ihrem Mann Stefan getrennt lebte. Ihr Auskommen suchte sie in gleich drei Berufen, als Färberin, Amme und Weinhändlerin. Weil sie das letztgenannte Gewerbe jedoch illegal betrieb, wurde sie 1386 zu einer empfindlichen Geldbuße verurteilt. Drei Jahre zuvor war sie in einen „Krieg" mit der streitbaren Altweggerin verstrickt. Anlass der Auseinandersetzung waren sechs weiße Leintücher, welche die Bühlerin überteuert erworben hatte und nun nicht bezahlen wollte. Ihre Kontrahentin hatte ihr daher einen Schläger auf den Hals gehetzt, sodass sie sechs Wochen verletzt das Bett hüten musste. Der Rat zog die Angelegenheit an sich und verurteilte den Wucherpreis. Gleichwohl geriet die Bühlerin immer mehr in Geldnot, bis sie schließlich Haus und Besitz zur Gänze veräußert hatte.

Wie schwer es Frauen mitunter fallen musste, in einer Männerwelt geschäftlich zu bestehen, belegt der Fall der Ursel Tragherin. Als deren Mann Haini längere Zeit die Stadt verlassen musste, trieb sie selbstständig Handel mit Salz, das sie auf Kommission erwarb und weiterverkaufte. Kaum wieder in Konstanz, ließ sich der Gatte alle Geldmittel aushändigen. Da er die Lieferanten seiner Frau nicht auszahlte, traf man sich vor Gericht. Eindrücklich beschreibt das Ratsbuch bei dieser Gelegenheit das Auftreten der Tragherin: „Als sie vor Gericht erschien, da weinte die Frau und war übel anzusehen und sagte aus, ihr Mann habe sie gezwungen einen Eid zu leisten, niemandem etwas zu geben, dem sie etwas schuldig wäre."

Der Fall ist bezeichnend für das Kräfteverhältnis in der spätmittelalterlichen Ehe. Eine als Zeugin geladene Nachbarin nämlich sagte aus, „dass Tragher und seine Gattin allzeit stritten und schlecht miteinander lebten“. Unter diesem Leidensdruck habe Ursel sogar erfolglos versucht, das Haus heimlich mit ihrem Mantel und einer Kiste zu verlassen. Trotz dieser Entzweiung hatten sich die Nachbarn mehrfach darum bemüht, die beiden Ehepartner miteinander zu versöhnen. Der Eid der Tragherin, sich dem Gatten in Geldangelegenheiten vollkommen unterzuordnen, war ausdrücklich geforderter Bestandteil einer solchen Eherettungsmaßnahme.

Das Institut der Ehe besaß in der Bodenseestadt besondere Bedeutung. Es galt als zentraler Baustein der Ordnungs- und Friedenssicherung innerhalb der Stadtgemeinde. Der Rat machte sich diesen Standpunkt zu eigen, indem er nach Kräften versuchte, häusliche Streitigkeiten zu schlichten oder sogar neue Verbindungen zu stiften. Als ideale Lebensform für den Laienstand wurde die Ehe selbst dort eingefordert, wo von gegenseitiger Zuneigung kaum die Rede sein konnte. Wenn das Ratsbuch zu 1388 ausführlich davon berichtet, wie Heni Frewel in die Kammer einer Jungfrau eindrang, ihr das schützende Leintuch vom Körper riss und sie vergewaltigte, so endet der Eintrag ohne den Hinweis auf weitere Strafe mit den lapidaren Worten: „Er nahm sie zur Ehe vor dem Rat.“

Wo aber Zerwürfnisse die häusliche Gemeinschaft endgültig zu zersprengen drohten, sahen sich die Ratsherren mehrfach zum Einschreiten genötigt. Als Adelheit Blüwelerin fluchtartig ihr Haus verließ, wurde ihrem Mann zur Auflage gemacht, dass „der selbe Hans Blüwel die Frau gut behandelt und ihr Anstand und Respekt entgegenbringt, wie es ein Ehrenmann seiner Gattin über geschehen lassen soll“. Fast wortgleiche Ermahnungen musste sich Peter Ruprecht gefallen lassen, wobei das Gericht ergänzend bemerkte: „Er soll sie auch nicht übel behandeln und schlagen oder sie durch das Verschließen der Türen bestrafen.“ Dem Patrizier Cünzeli Betminger erklärte man, er könne von seiner Gattin kein sexuelles Entgegenkommen einfordern, solange er mit seinem „Hübschweib“ außerehelichen Umgang habe.

Dass diese Form der Nebenehe trotz aller Verbote selbst in höchsten Kreisen Bestand haben konnte, zeigt der prominente Fall des Patriziers Konrad Stickel: Bereits im Konzilsjahr 1417 war er von seiner Ehefrau vor dem bischöflichen Offizialatgericht dafür belangt worden, dass er offen mit einer Konkubine zusammenlebte. Als sie den Fall Jahrzehnte später nochmals vor den Rat brachte, waren dieser Verbindung bereits sieben Kinder entsprossen. Doch selbst zehn Wochen Beugehaft und das Versprechen einer Ausgleichszahlung vermochten es nicht, Stickel, den Schwiegervater des regierenden Bürgermeisters, in seiner außerehelichen Treue zu brechen.

Überwiegend scheint der Rat bei seinen Schlichtungsbemühungen Erfolg gehabt zu haben. Zu seinen spektakulärsten Missgriffen zählt aber zweifellos der Fall des Schuhmachers Ulm Wilhelm. Hatte dieser zunächst eidlich versichert, „dass ich meine Ehefrau wiederum zu mir nehme und freundlich und gütlich in allen Dingen behandeln werde“, so fand man deren Körper wenige Tage später tot im eigenen Keller liegen. Den Beteuerungen des Gatten, sie habe sich selbst im feuchten Gelass ertränkt, mochte man kaum Glauben schenken, zumal Zeugen vernehmbare Schreie gehört hatten. Ein solcher Mord erscheint umso weniger verzeihlich, als der Eheschluss in der Bürgerstadt des 15. Jahrhunderts in erster Linie als weltlicher Vertrag galt und noch nicht letztgültig durch das Sakrament der Kirche geschützt war. Zumal auf einvernehmlichen Wunsch der Entzweiten gab der Rat daher auch immer wieder seine Zustimmung zur formellen Scheidung.

Einerseits spiegeln die Rats- und Gerichtsprotokolle vornehmlich die tragische Seite im Miteinander der Geschlechter. Demgegenüber scheint aber auch die Magie der Minne in den Mauern der Konzilsstadt wirksam gewesen zu sein. Nicht ohne Grund hat man Konstanz als „Metropole der Liebesbriefdichtung“ gepriesen, sind am Bodensee doch sehnsuchtsvolle Verse in großer Zahl geschmiedet worden: „Fahr hin, mein kleines Briefelein, / und bring der lieben Fraue mein, / von Herz und Mund meine Grüße / von hunderttausendfacher Süße. / Bring heimlich Gruß auch aus der Ferne / dem Leuchten ihrer Augensterne, / der zärtlich dringt durch süßen Mund / bis hin auf ihres Herzens Grund“, so liest man in einer um 1430 verfertigten Handschrift. Vielleicht war es ja der Klang solcher Poesie, die den Konzilsbesucher Benedetto da Piglio zu der Vermutung veranlasste, die Liebesgöttin selbst habe ihr sinnesfreudiges Regiment am Bodensee errichtet:

> „So groß ist die Schar der herrlichsten Frauen und Jungfrauen, die durch ihre zarte Gesichtsfarbe den Schnee übertreffen, dass man auch von Konstanz mit Recht sagen kann, was Ovid von Rom behauptet: Äneas' Mutter (Venus) herrscht in dieser Stadt.“

Die bezaubernde Anmut der Konstanzerinnen bezeugte eine Generation später in ergreifenden Worten der weit gereiste spanische Edelmann Pero Tafur:

> „Ich sah daselbst das schönste Weib, das ich je erblickt habe noch wieder erblicken werde; ihre Schönheit war so groß, dass ich zweifelte, ob das an einem menschlichen Wesen möglich sei; wenn sie eben so gut als schön war, würde sie im Paradies einen Vorzugsplatz erhalten.“

Kindheit in Konstanz

„Hat sie ein Kind geboren, sagt man, sie sei genesen. Höre, was ich darunter verstehe: Sie ist genesen wie einer, dem sein Geschwür vergangen ist und den dafür das Fieber befallen hat. Seht ihr nicht, dass nun erst Kindergeschrei und Kindbett, Windelwaschen und Kinderbaden anfängt? Aber das ist noch gar nichts: Denn wächst das Kind nun heran, so beginnt die Plackerei erst richtig und zwar mit der Frage, wie man es anständig mit Kleidern, Nahrung und Schuhen versorgt. (...) Um den Jammer kommt man selten herum, wie schön das Kindlein auch ist.“ Dieses drastische Urteil entstammt der Feder des Konstanzer Klerikers Heinrich Wittenwiler. Doch nicht ernsthaft wollte der geistliche Autor den Bürgern seiner Heimatstadt die Freude am Kindersegen vergällen. Vielmehr triumphierte im Disput der Dorfgenossen die Gegenmeinung, die der Dichter als gereimtes Sprichwort zitierte: „Eigen Haus und eigen Kind, machen große Müh zu Wind und kleine Freud zum Paradies."

Welche Position dabei die Bürger von Konstanz mehrheitlich eingenommen hätten, lässt sich aus dem erhaltenen Schriftmaterial heraus schwerlich beurteilen. Rein statistisch gesehen scheint das Kindergeschrei nur geringen Schrecken verbreitet zu haben: Aus den letztwilligen Verfügungen der Bürger lässt sich eine durchschnittliche Kinderzahl von 3,2 errechnen. Dieser Wert ist allerdings mit einem erheblichen Unsicherheitsfaktor versehen. Denn Testamente nennen bekanntlich nur die Namen derer, die zum Zeitpunkt ihrer Abfassung schon bzw. noch am Leben sind. Allein aufgrund der hohen Kindersterblichkeit, die zwischen dem ersten und neunten Lebensjahr bei über 40 Prozent lag, ist von einer deutlich höheren Geburtenrate auszugehen.

Die Gerichtsakten der spätmittelalterlichen Stadt zeigen an, dass nicht jeder Sprössling willkommen war. „Ein Vater soll seinem Kind Brot und Brei geben. Handelt er gegenüber seinen Kindern nicht, wie er es rechtmäßig tun sollte, so sollen sie es vor dem Rat klagen", so ließen die Stadtväter verkünden. Zumal mit unehelich gezeugtem Nachwuchs hatten sich die Ratsherren regelmäßig zu befassen. Wo die Vaterschaft nachweisbar war, mussten Alimente entrichtet werden. Diese sollten jedoch nur bis zum siebten Lebensjahr und oftmals in geringer Höhe – von fünf Pfennigen pro Woche ist einmal die Rede – geleistet werden. Offenbar ging man davon aus, dass das Kind anschließend seinen Unterhalt allein bestreiten könne. Welche Belastung selbst solch ein Minimalbetrag für die unteren Schichten der Stadtbevölkerung darstellte, zeigt ein Beschluss „über die Kinder, die vor das Münster gelegt werden". Der Rat nahm sich dieser Findelkinder regelmäßig an, gewöhnlich gab man sie auf Kosten der Gemeinde in die Obhut einer Amme.

Kinderleben in Konstanz scheint kein Zuckerschlecken gewesen zu sein. „Wer die Rute schont, missachtet sein Kind" – diesem Lehrsatz des Regensburger Domscholasters Konrad von Megenberg folgte vermutlich die Mehrheit der Konstanzer Eltern. Allerdings war ein Zuviel an Züchtigung den Bürgern dann doch suspekt. So beklagte sich der Domschulmeister im Jahr 1399 darüber, dass zahlreiche Eltern ihre Söhne den harten Streichen seines Lateinunterrichts entziehen würden und sie lieber von deutschen Schreibern unterrichten ließen.

Wie so oft zeigen die offiziösen Quellen in erster Linie die Kehrseite der Medaille. Eine andere Sprache sprechen indes die zahlreichen Bodenfunde aus dem Stadtgebiet. Sie belegen, wie wenig das Konstanzer Kinderleben ausschließlich aus Schlägen und schlechter Versorgung bestand. Nahezu alle Handwerkszweige leisteten ihren Beitrag zu einer bunten Spielzeugwelt: Aus den Werkstädten der Drechsler stammten Holzkugeln und Kreisel, die Gerber lieferten lederne Bälle und zierliche Kinderschuhe. Aus Metall gearbeitet waren kleine Zinnfiguren, die etwa Hirsch, Pfau oder Pferd darstellten. Eine große Bandbreite von Spielgeräten vermochten die Knochenschnitzer beizusteuern: Nicht nur ein „Würfler" unterhielt eine eigene Werkstatt in Konstanz. Auch kleine Pfeifchen und stumpfe Pfeilspitzen, ja sogar Schlittenkufen wurden aus den Knochen von Rind, Schaf, Ziege oder Hirsch gefertigt.

Selbst ein Schlittschuhknochen befindet sich unter den Funden vom Konstanzer Fischmarkt, denn diese Sportart erfreute sich nicht nur am Bodensee im Mittelalter besonderer Beliebtheit:

> „Einige statten jeden ihrer Füße mit dem Schienbein-Knochen eines Tieres aus, befestigt an der Unterseite ihrer Schuhe. Sie haben Stöcke in den Händen, mit metallverstärkten Spitzen, die sie unaufhörlich gegen das Eis stoßen. Dadurch nehmen sie Fahrt auf, so rasch wie ein Vogel im Flug oder ein Bolzen aus einer Armbrust."

So berichtet es bereits der englische Chronist William Fitz Stephen aus dem London des 12. Jahrhunderts. Glaubhaft versichert er, dass es bei diesem Freizeitvergnügen nicht selten zu Schrammen und Knochenbrüchen kam, denn in der Tat zeigen moderne Rekonstruktionsversuche, dass ein Bremsen oder Wenden auf Knochenkufen nahezu unmöglich ist. Es wundert wenig, wenn sich 1395 die niederländische Heilige Lidwina bei solch einem missglückten Manöver die Rippe brach.

Mehr als jedes andere Material widersteht Ton dem Zahn der Zeit. Daher wissen wir recht genau, welche Spielwaren das Sortiment der Konstanzer Töpfer umfasste. Neben Murmeln und Schussern stechen hier Miniaturversionen mittelalterlicher Krüge und Töpfe hervor. Ihren Zweck erhellt eine Bemerkung des Predigers Johann Geiler von Kaisersberg:

> „Wenn die Kind ‚gefetterlin' miteinander, da machen sie Safran, und das ist gefärbte Wurz, das ist Süßwurz, das ist Ingwer. Und das ist alles aus einem Ziegel gerieben und ist Ziegelmehl. Und sie machen ein Töpfchen und kochen; und wenn es Nacht wird, dann essen sie es alles nicht und stoßen es um."

Der Begriff *gefetterlin* umschreibt ein spielerisches Nachahmen der Erwachsenenwelt, wie es noch heute unter dem Namen „Vater-Mutter-Kind" in zahlreichen Kinderzimmern praktiziert wird. Das Konzilszeitalter unterschied sich nicht nur darin erstaunlich wenig von unserer Gegenwart: Damals wie heute bevölkerten tapfere Ritter und schöne Prinzessinnen die Phantasiewelten in den Köpfen der Kinder. Die Faszination der höfischen Festgesellschaft war auch in bürgerlichen Kreisen allgegenwärtig. Erhalten sind uns wiederum in erster Linie Tonfiguren, während textile Puppen weitaus weniger Überlieferungschancen besaßen. In ihrer Gestaltung präsentiert sich wie auf einem Laufsteg die weibliche Modewelt ihrer Epoche. Insbesondere der Kopfputz in Form des aufwendig gefältelten *Kruselers* belegt, dass auch die Barbiepuppe des Mittelalters unzweifelhaft der Schicht der Reichen und Schönen angehörte. Dies gilt selbstverständlich auf für die männlichen Heldenfiguren: Hier sind es Reiterfigürchen mit Lanze und Schild, die ins geträumte Ritterabenteuer galoppierten.

„Die Kindheit kennt noch das Erstaunen über kleinste Sachen und ist mit Einfachem zufrieden", so urteilte der Domherr Konrad von

Megenberg. Nicht minder als von professionell gefertigtem Spielzeug werden die jungen Konstanzer wohl tatsächlich von den Dingen des Alltags angezogen worden sein. So waren es nicht nur die „geziemenden Spiele" – worunter der Gelehrte Puppen, Schnitzfiguren und Spiegel verstand –, die in den Gassen der Stadt für Spaß und Aufregung sorgten. So findet sich im Ratsbuch ein Eintrag über zwei Buben, die ein Schaf durch die Straßen gejagt hatten. Von technischer Begabung kündet der Fall eines Heranwachsenden, der das Schloss eines Stadttors ohne die Hilfe eines Schlüssels geöffnet hatte. In beiden Fällen verzichtete man auf die Verhängung einer Strafe. Selbst von den gestrengen Ratsherren wurde der kindlichen Neugierde im Wortsinne ein gewisser „Spielraum" zugestanden.

Sichtbar gemachte Ordnung

„Dass die Ratsstube eine Ratsstube sei und kein Tanzhaus", ließen die Stadtväter im Juli des Jahres 1420 ausdrücklich im Ratsbuch festhalten. Zwei Jahre nach dem Ende des Konzils war Konstanz in wirtschaftlich schweres Fahrwasser geraten, entsprechend gereizt war die politische Stimmung in der Stadt. Unter Führung der Zünfte bezog die Bürgergemeinde Front gegen die „alten Geschlechter". In Zeiten des Konzils hätten die Patrizier das gemeinsame Rathaus zu exklusivem adligem Tanzvergnügen missbraucht, „dadurch ist reichlich Gerede entstanden, dass dieser oder jener dort tanzen durfte und der andere nicht". Um die Würde des Ortes künftig zu wahren, beschloss man ferner, „dass man auf vier Tafeln das Jüngste Gericht malen soll und sie an die vier Wände nageln soll". Dies geschehe zu dem Zweck, „dass jeder ehrenhafte Ratsherr, der dort sitzt, es ansehe und dadurch Gottesfurcht vor Augen habe, damit er künftig besser bedenke und erwäge, was er für gottgefällig und recht erkläre".

Ein Wandbild wird hier zum Instrument politischer Willensbildung. Es sollte den Ratsherren während der Sitzungen als moralischer Wegweiser dienen. Wer würde schon im Angesicht der Schar von Verdammten, die vor dem Thron des höchsten Richters den Höllenstrafen übergeben wurden, politischen Eigennutz vor das gemeine Wohl setzen? Solche Bilder seien die Bibel der Ungebildeten, so hatte es der Kirchenvater Gregor der Große gelehrt, „weil diese im Gemalten sehen können, was sie erstreben sollten". Wer diese Lektionen beherzigte, der mochte in Glauben und Lebensführung vor Gott und den Menschen sicher bestehen. So wie uns heute Verkehrszeichen, Warnschilder und Hinweistafeln wohlbehalten durch die Gefahren der modernen Welt lotsen, so bedurften auch die Stadtbewohner des Mittelalters gut sichtbarer Orientierungsmarken. Ihre Welt musste lesbar sein, schon aus Gründen des gesellschaftlichen Lebens und Überlebens.

So wäre der große Tumult vielleicht vermeidbar gewesen, der sich eines Tages im Konstanzer Münster erhob. Dorthin war der betagte Adlige Martin von Fridingen gegangen, als er unversehens dem Narren Gabriel Magenbuech begegnete. Der erkannte den Edelmann nicht, denn dieser trug ein schlichtes Gewand. Daher fand er sich auch nicht bereit, den ihm entbotenen Gruß mit angemessener Ehrerbietung zu erwidern. In seiner Ehre verletzt, ging ihn der Landadlige wütend an: „Du sollst anständigerweise an dem Knöpfchen sehen, wer ich bin." Dabei verwies er auf ein kleines goldenes Schmuckstück, das er an seinem Hut befestigt hatte.

Was hier vom Ende des 15. Jahrhunderts berichtet wird, galt zweifellos auch zu Konzilszeiten als Regel: Kleider machten auch in Konstanz Leute. Selbst in kleinsten Details lieferten sie Hinweise auf den gesellschaftlichen Standort ihrer Träger, ließen Rang, Alter und Geschlecht sichtbar werden und erleichterten dadurch den alltäglichen Umgang in einer hierarchisch gegliederten Gesellschaft. „Damit niemand den anderen herausfordert / ordnete man durch das Gewand / alle Menschen nach ihrem Stand", so reimte ein süddeutscher Spruchdichter in der zweiten Hälfte des 14. Jahrhunderts.

Ein Angriff auf die Kleidung galt daher zugleich als massiver Anschlag auf die Ehrenstellung einer Person innerhalb der Stadtgemeinde. So war es kein Bagatelldelikt, wenn eine gewisse Allin Blaicherin einer Mitbürgerin den *Schapel* genannten Haarkranz vom Haupt zerrte. Was sie damit ausdrücken wollte, kleidete sie in deutliche, hier kaum zu übersetzende Worte: Ihre Gegnerin habe trotz ihrer jungen Jahre bereits mehr Geschlechtsverkehr gehabt als sie selbst in ihren 33 Ehejahren. Sie wäre *„ain zers gehangende witfudi hůrre“* und somit nicht wert, einen solchen Schmuck zu tragen. Der Schapel nämlich war ein Symbol der jungfräulichen Unberührtheit. Der Angriff zielte also darauf ab, den Vorwurf der heimlichen Hurerei vor aller Augen sichtbar werden zu lassen. Zugleich mit dem Haarkranz sollte dem Mädchen die Maske der Wohlanständigkeit herabgerissen werden.

Das Ansehen der Konstanzer klebte geradezu an ihrer Kleidung. So wird verständlich, was die Bürgermeistersgattin im Jahr 1421 zu sagen wagte. Als sie in einer Predigt hörte, dass mittellose Frauen doch zumindest ihre Schleier spenden sollten, „da wollte sie eher, dass die Pfaffen alles Unglück überkomme, als dass sie ihren Schleier oder Mantel hingeben möchte“. Ein zweifellos drastischer Beleg für den Wert des Gewandes ergibt sich aus dem Ratsurteil gegen Peter Halb Egli: Dem vermutlich geistig verwirrten Mann ließ man die Augen ausstechen, weil er die Kleider verschiedener Leute mit Kot und Dreck beschmiert hatte.

Die Mehrheit der Konstanzer besaß kaum mehr als das, was sie am Leib trug, mehr als zwei Garnituren Kleidung bildeten die Ausnahme. Mit Erstaunen registrierten zeitgenössische Chronisten, wenn Damen selbst im patrizischen Milieu an mehreren Festtagen hintereinander in jeweils neuer Garderobe erscheinen konnten. Groß waren zudem die Unterschiede in der Qualität des Getragenen: Wenn der Maderpelzmantel mit passendem Rock des Ludwig Härtler 1441 den Gegenwert von 70 Gulden besaß, dann entsprach dies mehr als dem hundertfachen Preis jenes braunen Rocks, den eine arme Bürgerin fünf Jahre später verpfänden musste. Für die Spitzen der Gesellschaft galt es geradezu als Pflicht, sich öffentlich in standesgemäßem Gewand zu zeigen. Einem Ratsherrn etwa, der in Holzschuhen zur Sitzung zu erscheinen wagte, drohte umgehend eine Geldstrafe. Gleichwohl ließ es sich das Stadtregiment angelegen sein, den Kleiderluxus seiner Bürger auf ein Maß zu beschränken, das ihr Vermögen schonte und die Grenzen gottgefälliger Sittlichkeit respektierte. Ein Ratsbeschluss des

Jahres 1390 nennt Höchstpreise für Hauben und Gürtel und limitiert die Länge der weiblichen Kleiderschleppen, Schmuckärmel, Kappenzipfel und Rockschöße.

Von allzu strengen Auflagen sahen die Stadtväter allerdings ab: Der für den Kauf einer Damenhaube zulässige Betrag von 50 Gulden war so hoch veranschlagt, dass er das Gesamtvermögen eines Gutteils der Konstanzer deutlich überstieg. Für einen silberbeschlagenen Gürtel durften die Bürger bis zu sechs Mark Silber ausgeben, in Ulm waren es zur selben Zeit drei Mark, in Nürnberg gar nur eine halbe. Geradezu übermäßig fallen die Maßgaben für den *Kruseler* genannten Kopfputz aus, der aus mehreren Reihen übereinandergelegter Rüschen bestand. Bis zu 20 Lagen Seidentuch konnte die Konstanzerin dabei auftürmen. In Speyer waren es einige Zeit zuvor nur vier *vachen* gewesen, in Frankfurt sechs, während in Ulm den Handwerkerfrauen 12, den Patrizierinnen ebenfalls 20 Lagen gestattet waren. Vermutlich wollte der Konstanzer Rat auf diesem Wege sicherstellen, dass Haar und Nacken der Bürgerinnen stets vollständig verhüllt waren. Konnte man nicht im ersten Korintherbrief des Apostels Paulus lesen, eine unbedeckte Frau entehre ihr Haupt? Das Gebot, „dass eine jede Ehefrau den Nacken und ihre Haare hinten bedecken soll", blieb offenbar auch während der Konzilsjahre in Geltung. Im Sommer des Jahres 1417 wurden mehrere Frauen wegen unzüchtiger Aufmachung vor dem Ratsgericht mit Geldstrafen belegt. Darunter befand sich mit Anna Felixin die wohlhabendste Dame der Stadt: Sie hatte – mitten im Hochsommer – mehr als eine Handbreit ihres Halses nackt gezeigt. Ihr scheint ob dieses obszönen Verhaltens wenig geholfen zu haben, dass solch illustre Gäste wie der Herzog von Bayern-Landshut in ihrem Haus Quartier bezogen hatten. Ihren mondänen Lebenswandel gab die Felixin dennoch nicht auf, in den Folgejahren wurde sie mehrfach des unerlaubten Glücksspiels überführt.

Die Jahre des Konzils mit ihrem internationalen Publikum brachten zweifellos neue modische Impulse an den Bodensee. „Man hört hier die verschiedensten Sprachen und kann die Trachten der verschiedenen Völker studieren", so jubelte der Florentiner Gelehrte Poggio

Bracciolini. Es ist schwer zu ermessen, welchen Einfluss die fremde Formensprache auf die Modeentwicklung in Konstanz genommen hat. Mithin mögen die neuen Erfahrungen den Rat veranlasst haben, veraltete Vorschriften aufzugeben. Hatte man 1390 noch ein Verbot zweifarbig geteilter Gewandstücke verhängt, so ist dieses in der Neuauflage der Kleiderordnung im Jahr 1436 bereits verschwunden. Ein Blick auf die illuminierten Miniaturen der Richental-Chronik zeigt, dass diese Verfügung in der Mitte des 15. Jahrhunderts längst vom Rad mittelalterlicher Modedynamik überrollt worden war.

Die hierarchische Ordnung der Stadtgesellschaft manifestierte sich nicht nur in Schmuck und Zuschnitt der Kleidung. Auch an Nahrung, Hausbau und Wohnqualität ließ sich die soziale Stufenfolge mühelos ablesen. Selbst im Sakralraum der Konstanzer Kirchen war sie stets gegenwärtig und wurde von den etablierten Eliten eifersüchtig gehütet. Gesellschaftlichen Vorrang konnte man im Wortsinne „besitzen", sofern man in einem der großen Gotteshäuser einen Kirchstuhl in bevorzugter Lage sein Eigen nannte. Diese Sitzgelegenheiten, die dem innerkirchlichen Raum eine soziale Struktur verliehen, erzielten beim Verkauf beachtliche Summen. Mehrfach ist in den Ratsbüchern der Versuch zu beobachten, zünftischen Aufsteigerinnen einen Sitzplatz in den Reihen des Patriziats zu verwehren.

Eine willkommene Gelegenheit, Wohlstand und Ansehen in Szene zu setzen, boten zweifellos festliche Anlässe wie Taufen, Kirchgänge oder Hochzeiten. Aufsehen erregte es sicherlich, als im Jahr 1465 die Braut eines Konstanzer Patriziersohns mit einem Gefolge von 120 Reitern ihren Einzug in die Stadt hielt. Doch erkannte der Rat wohl zu Recht, dass durch solch exzessive Prachtentfaltung „den Leuten bisweilen auch große Ausgaben entstanden sind". Weil man weniger betuchte Nachahmer vor Verschuldung und wirtschaftlichem Ruin bewahren wollte, wurde die Zahl der auftretenden Spielleute auf sechs begrenzt und zudem Höchstsätze für die Gastgeschenke an das Brautpaar verordnet. Derartige Luxusverbote sollten nicht nur die Geldbörsen der Bürger schonen, sondern auch Rangstreitigkeiten innerhalb der Gemeinde einen Riegel vorschieben. Rivalitäten unter den

Bürgern bestanden häufig und eskalierten nicht selten in Streit und Gewalt. Wo Ehrgefühl und soziale Geltung bedroht schienen, saßen in Konstanz die Messer locker.

Ehre, Frevel und Verbrechen

Gut die Hälfte aller Gewaltdelikte, die zwischen 1430 und 1460 vor die Konstanzer Gerichtsbarkeit gebracht wurden, bestanden aus dem Griff zur Waffe. Von den 233 bezeugten Messerattacken dieser Jahre endeten etwas mehr als 50 mit einer Verwundung, zum Tod des Kontrahenten führte jedoch keine einzige. Offenbar war es nicht die pure Mordlust, die den Tätern die Hand führte. Ihre Klinge ließen sie zumeist dann aufblitzen, wenn das Überschreiten einer symbolischen Grenze sie dazu zwang. Verletzte Ehre, so sollte diese Geste besagen, war eine Angelegenheit auf Leben und Tod.

Kränkungen und Beleidigungen konnten aus nahezu allen Lebenssituationen erwachsen. Ob der Vortritt beim Tanz, der Preis auf dem Markt oder ein (Miss-)Erfolg beim Spiel – Anlässe fanden sich mehr als genug. Die mitunter länger aufgestauten Aggressionen entluden sich nicht nur in brachialer Gewalt, sondern ebenso häufig in einem Schwall von Schmähworten. Auch sie erfüllten in den Augen der Zeitgenossen den Tatbestand der Misshandlung und landeten daher nicht selten vor dem Gericht der Stadt.

Aus den Aufzeichnungen der Ratsbücher erhalten wir genauen Einblick in die Schimpfgewohnheiten der Konstanzer. Im Kanon der Verbalinjurien nahmen die Ausdrücke Dieb, Dirne und Bösewicht einen Spitzenplatz ein. Diese Standardtiraden wurden mitunter mit einer ganzen Serie verstärkender Vokabeln garniert. Das Adjektiv „blutig“ ließ sich dabei kreativ mit Begriffen frivoler Natur kombinieren. Nicht selten wurde am Ende der Schimpftirade dazu aufgefordert, dem Kontrahenten *„in den ars“* zu blasen.

Wenn der Rebknecht Zyperli den Nachwächter Torgelmann einen „meineidigen, niederträchtiger Hurensohn“ hieß, bewegte er sich damit durchaus im gewohnten Rahmen. Viel schwerer als diese Kränkung eines Stadtbediensteten wog vor dem Ratsgericht indes eine weitere Salve von Schmähungen, die man aus Zyperlis Mund vernommen hatte. Dieser habe „übel und auf außergewöhnliche Weise bei Gott und unserer Lieben Frau geflucht“, so heißt es im Ratsbuch, und zwar (hier der Schicklichkeit halber ausnahmsweise unübersetzt) *„bi gots můter blůtendem fudloch und gotz blůtendem zers und gotz blůtendem darm“*. Damit war eine Grenze überschritten, die den Rat zum Handeln zwang. Denn nicht nur die Menschen, auch Gott besaß in den Augen der Stadtobrigkeit eine Ehre. Und ebenso wie jeder Bürger war auch er bereit und in der Lage, sich an seinen Beleidigern zu rächen. Doch traf die Strafe des Allmächtigen nicht unbedingt den Lästerer allein, sondern konnte sich nach dem Vorbild des biblischen Sodom und Gomorrha auf die gesamte Stadtgemeinde erstrecken, sofern diese dem Frevel nicht entgegentrat. Da Gott und seine Mutter „mit Schelten, Fluchen und Schwören schwer misshandelt und entehrt“ würden, nahm sich der Rat der Sache an. Nicht nur macht er verbale Entgleisungen meldepflichtig. Minutiös ließen die Stadtväter im Jahr 1363 die vielen bekannten Verwünschungen in einer Liste erfassen und je nach Schweregrad mit einer Bußtaxe versehen. Während die Nennung von Gottes Haupt, Bart oder Schweiß mit nur zwei Pfennigen vergleichsweise milde geahndet wurde, stieg die Strafzahlung insbesondere bei Verwendung von Fäkalausdrücken (etwa Gottes *stank*, *smak* oder *schaiss*) auf die stolze Summe von 60 Pfennigen. Noch „ungewöhnlichere“ Flüche, wie sie Zyperli angelastet wurden, bestrafte der Rat nach eigenem Ermessen. Der Rebknecht konnte sich glücklich schätzen, nur auf ewige Zeit die Stadt verlassen zu müssen. Schwerer traf es die Gattin des Klaus Wagner. Vor ihrem Stadtverweis sollte ihr die Zunge an den Pranger genagelt werden. Wegen „Flüchen gegen Gott und seine liebe Mutter, die aufzuschreiben oder zu hören es sich nicht schickt“, wurde 1422 gegen Uli Lutold gar die Todesstrafe durch Ertränken verhängt.

Doch nicht nur Gotteslästerer sahen dem Schrecken einer Hinrichtung ins Auge. Die Auftragslage für den Konstanzer Nachrichter und seine Gesellen gestaltete sich gerade in den Konzilsjahren ausgesprochen gut. Zwar sei es eine böswillige Verleumdung, so empörte sich Ulrich Richental, „dass während des Konzils viele Leute durch des Henkers Hand gestorben seien". Denn obgleich die Kirchenversammlung drei Jahre lang tagte, „habe ich nur erfahren können, dass während dieser Zeit 22 und keineswegs mehr hingerichtet wurden".

Für den Chronisten war diese Zahlenangabe offenbar ein Argument für die geglückte Sicherheitspolitik seiner Stadt. Aus heutiger Sicht mag diese Quote von durchschnittlich drei Hinrichtungen im Halbjahr angesichts der kleinstädtischen Verhältnisse in Konstanz bestürzend hoch erscheinen. Mithin überstieg sie das in der Bodenseestadt übliche Maß um etwa das Doppelte. Stellt man allerdings die große Zahl der Konzilsgäste in Rechnung und zieht spektakuläre Strafakte wie die Verbrennungen des Jan Hus und Hieronymus von Prag in die Bilanz mit ein, so wird Richentals Resümee zumindest erklärlich. Dem Stadtregiment war es offenbar gelungen, trotz der Ausnahmesituation die Verbrechensraten auf einem akzeptablen Stand zu halten. Dazu trug sicherlich bei, dass man am Beginn der Großveranstaltung die Einhaltung der Nachtruhe in den Gassen nochmals durch öffentliche Ausrufung eingeschärft hatte. Zudem wurden Sperrketten an strategisch wichtigen Durchgangsstellen angebracht, die bei Gefahr eines öffentlichen Aufruhrs geschlossen werden konnten. Die Konstanzer hätten mit Hilfe des Königs streng darauf geachtet, so Richental, „dass weder in der Stadt noch in einem Umkreis von zehn Meilen irgendein Raub, Diebstahl oder sonstiges Vergehen geschah".

Sicherheitslücken blieben dennoch bestehen, sodass die Konzilsjahre keineswegs verbrechensfrei blieben. Neben kleinen Zänkereien bei Zechgelagen, Messerzücken und Betrügereien sind einige spektakuläre Verbrechen überliefert: Aus verletzter Ehre ließ sich Herzog Heinrich von Bayern-Landshut im Oktober 1417 zu einem blutigen Attentat auf seinen Vetter Ludwig hinreißen, das dieser nur knapp überlebte. Das Opfer hatte ihn vor der Öffentlichkeit des Konzils schwer gekränkt, indem er ihn als Bluthund, Friedensbrecher und Sohn eines Kochs bezeichnet hatte. Nicht minder aufsehenerregend war kaum sieben Wochen später die heimtückische Ermordung des

Luzerner Propstes auf der Predigerbrücke. Die Täter wurden ergriffen, am Schweif eines Pferdes durch die Gassen geschleift und anschließend gerädert. Mit einer Hinrichtung endete auch der Mord eines Niederländers an einem „Welschen" im selben Jahr, zwei weitere Totschläger wurden enthauptet, ein Kuppler und der Knecht eines Raubritters dem Tod durch Ertrinken überantwortet.

Wenig Gnade zeigte das Gericht bei Diebstählen, die in der Regel mit dem Leben gebüßt wurden. Wie man bei derartigen Delikten zu verfahren habe, legte der Rat im November 1418 dar, indem er über Hans Spanhart bestimmte, „dass man ihm alle Viere zusammenbinden, ihn von der Rheinbrücke werfen und dort sein Ende erwarten soll". Selbst die ungenannte Frau, die im Sommer 1416 einen eher geringwertigen Tontopf gestohlen hatte, wurde zur Flussbrücke geführt. Einen ähnlichen Weg mussten mehrere der ungarischen Gefolgsleute König Sigismunds beschreiten. Ausdrücklich beklagt Richental die hohe „Ausländerkriminalität", die der königliche Marschall mit aller Härte geahndet habe.

Den Konzilsteilnehmern blieb immerhin das schlimme Schicksal erspart, das ein anonymer Autor dem versammelten Klerus angedeihen lassen wollte. In einem Rezept für den durch Korruption und Kirchenspaltung angeschlagenen „Magen des Heiligen Petrus" verordnete er der römischen Kirche die folgende Radikalkur:

> „Man nehme 24 Kardinäle, 100 Erzbischöfe und Prälaten aus aller Herren Länder und von den Kurialen so viele, wie man zur Hand hat. Man tauche sie in das Wasser des Rheins ein und lasse sie dort über drei Tage untergetaucht."

In der Gesamtsicht kann das Konstanz des 15. Jahrhunderts keineswegs als Hochburg des Verbrechens gelten – selbst nach modernen Maßstäben. Für Tötungsdelikte beispielsweise lässt sich in der Manier aktueller Kriminalstatistiken für die Jahre 1430 bis 1472 ein Wert von rund 5 pro 100 000 Einwohner errechnen. Das Risiko, einer Straftat gegen das Leben zum Opfer zu fallen, war für einen Stadtbewohner des späten Mittelalters demnach gut doppelt so hoch wie für die Konstanzer Bürger heute. Gemessen an den aktuellen Verbrechensraten deutscher Metropolen wie Frankfurt oder Hannover lebte es sich am Bodensee indes vergleichsweise sicher. Allerdings sind die historisch verfügbaren Zahlen kaum wirklich belastbar. Sie erfassen lediglich diejenigen Vergehen, deren Täter gerichts- und aktenkundig geworden waren. Daneben kannte auch die mittelalterliche Stadt mysteriöse Mordfälle, die niemals aufgeklärt werden konnten. So wurde 1438 der wohlhabende Weinhändler Hans Minner am Balken eines Heuschuppens aufgeknüpft. Die Angabe eines Chronisten, der Mann habe sich selbst erhängt, wirkt dabei wenig glaubhaft. Dem Opfer nämlich waren Hände und Füße zusammengebunden. „Niemand kann wissen, wer es getan hat“, so der lakonische Kommentar des zeitgenössischen Berichterstatters.

Die Welt zu Gast – Zu Gast in der Welt

Anschaulich beschreibt der Florentiner Gelehrte Poggio Bracciolini die langen Kolonnen der Konzilsteilnehmer, die sich im Herbst des Jahres 1414 auf den Gassen von Konstanz sammelten:

> „Aus Spanien, Frankreich, England, Holland, Dänemark, Pommern, Preußen, Polen, Sachsen, Böhmen, Österreich, Bayern, vielen Reichsstädten und Kronländern sind hier Abgesandte anwesend und noch immer kommen Tausende zu Fuß, zu Pferd oder in Wagen durch die Stadttore von Konstanz, um hier, von den Strapazen ermüdet, auf dem nackten Erdboden oder auf den heißen Steinen auszuruhen."

Neben der großen Schar der Geistlichen hätten 71 weltliche Fürsten und 141 Grafen ihren Einzug in der Bodenseestadt gehalten, so zählt Ulrich Richental. Nicht unerwähnt lassen möchte er die bevollmächtigten Vertreter von 83 Königen aus Asien, Afrika und Europa. Ein schwäbischer Chronist des 16. Jahrhunderts sieht sich sogar gehalten, dieser Vielvölkerschar – dem erweiterten Kenntnisstand seiner Zeit entsprechend – pflichtschuldigst noch die „Indianer" hinzuzufügen.

Zusammenleben auf engstem Raum

Nicht überall herrschte Begeisterung über solch einen Massenandrang. Skepsis machte sich noch vor Konzilsbeginn in kurialen Kreisen breit, ob die kleine Stadt Konstanz ihrer Gastgeberrolle überhaupt gewachsen sei. Zwei päpstliche Kundschafter, so berichtet Ulrich Richental, seien zu dem Schluss gekommen, „dass dort das Konzil nicht bestehen könne, da doch aus allen Ländern Leute dorthin kommen würden, die nicht einmal zur Hälfte Quartiere finden würden".

Der Chronist, der selbst mit den beiden durch das Umland geritten war, begegnete dieser Bemerkung mit Unverständnis. Selbstverständlich biete seine Stadt genügend Wohnraum, um die Gäste angemessen unterbringen zu können.

Chaos schien dennoch vorprogrammiert. Denn kaum war die Konzilsbulle besiegelt, da erschienen die Knechte und Herolde etlicher hoher Herren in Konstanz. Durch das Anschlagen von Wappenschilden an den Häuserfronten suchten sie die besten Herbergen frühzeitig in Beschlag zu nehmen. Doch waren ihre Bemühungen oftmals vergebens, denn die Nachdrängenden bemächtigten sich der bereits reservierten Quartiere und die Einheimischen witterten gute Geschäfte: „Wer immer zu einer guten Herberge kam, der bezog sie", beschreibt Richental das allgemein vorherrschende Prinzip. Da die Kapazitäten der bestehenden Wirtshäuser kaum ausreichten, wurde den Konzilsgästen in den geistlichen Gebäudekomplexen und den Privathäusern der Bürger Unterkunft gewährt. Hoher Rang und finanzielle Bonität gewährten Zugang zu den komfortablen Wohnstätten der städtischen Eliten. Doch selbst ortsansässige Krämer und Handwerker fanden sich dazu bereit, in ihren Buden und Werkstätten zu nächtigen, um durch Bereitstellung ihrer eigenen Betten am florierenden Mietmarkt teilhaben zu können. Für manche Besucher niederen Rangs boten das Stroh der Viehställe und sogar umgestürzte Weinfässer ein willkommenes Notquartier. Auf diese Weise gelang es, die Zahl der verfügbaren Schlafstätten beträchtlich zu vermehren. „Allen hier Verweilenden scheint es trotz Erfahrung beinahe unglaublich, wie das enge Gebiet so viele tausend Fremde und ihre Pferde fassen kann“, so meldete der Italiener Benedetto da Piglio in die Heimat.

Was den internationalen Gästen geboten wurde, entsprach nicht immer dem gewohnten Standard an Wohnlichkeit und Komfort. In der Auftaktphase des Konzils konnte man auf Anweisung des Rats für ein Doppelbett einen Höchstpreis von zwei Gulden erzielen. In dieser Summe enthalten war ein vierzehntägiger Wäschewechsel. Wenige Wochen später hielt man sogar eine Reinigung im Monatsrhythmus für ausreichend. Einige Hauswirte scheinen generell an der Ausstattung der Räume gespart zu haben, oder aber sie stellten zusätzliche Betten in bereits belegte Kammern. Das Konzil verbot solche Praktiken ebenso wie eine kurzfristige Kündigung wegen Eigenbedarfs. Angesichts der großen Enge wundert es wenig, dass der vornehme Kardinal Fillastre die spartanisch eingerichteten Zellen des Konklaves für besser ausgestattet erachtete als sein ursprüngliches Quartier und sich auf den ruhigeren Schlaf ungestörter Nächte freute.

Schien die Stadt in den ersten Konzilswochen noch aus allen Nähten zu platzen, so entspannte sich die Lage mit der Dauer der Versammlung zusehends. Viele Teilnehmer hatten nur mit einem kurzen Aufenthalt gerechnet: Geldmittel für drei Monate hatten beispielsweise die Vertreter der Kölner Universität im Gepäck. „Ob das Konzil allerdings wirklich so lange andauert oder nicht, das wissen wir nicht“, meldeten sie in der Eröffnungswoche der Kirchenversammlung voller Optimismus in die Heimat. Als jedoch statt weniger Monate die Jahre ins Land gingen, zog man die Universitätsgesandten bis auf einen einzigen Bevollmächtigten wieder ab. Kein Wunder, dass eine Konjunkturflaute eintrat, bei der die Bettenpreise in der Bodenseestadt in den Keller fielen. Zwischen November 1414 und April 1416 jedenfalls scheinen sie um die Hälfte nachgegeben zu haben. Wenn also Ulrich Richental in der Schlussbilanz seiner Chronik die stolze Zahl von 72460 Konzilsgästen nennt, so dürfte damit schwerlich ein Dauerzustand festgehalten sein. Kaum ein Viertel dieser Gesamtmenge wird sich zu gewöhnlichen Zeiten am Tagungsort aufgehalten haben. Nur bei besonderen Anlässen überstieg die Nachfrage nach Wohnquartieren das Angebot: „Wenn erst der römische König kommen wird, denn wird es sehr eng werden mit bequemen Quartieren", so berichtete der Prokurator des Deutschen Ordens im Januar 1417 an seinen Auftraggeber.

Schritte über die Kulturschwelle

Nicht jeder fuhr in gleichermaßen freudiger Erwartung dem fernen Tagungsort entgegen. Denn nicht allein das Reisen selbst barg Gefahren. Größer noch war das Risiko, im Trubel des konziliaren Entscheidungsprozesses politisch unter die Räder zu geraten.

Papst Johannes XXIII. war keineswegs der einzige Teilnehmer der Kirchenversammlung, der sich von den Strapazen der Alpenüberquerung und den Zumutungen eines längeren Auslandsaufenthalts gleichermaßen in Schrecken versetzt sah. Zu seiner Gefolgschaft zählte der humanistische Gelehrte Leonardo Bruni, der mit gewandter Feder einem Freund seine exotischen Reiseerfahrungen schilderte. Die mächtige Gebirgsformation der Hochalpen erschien ihm als schier unüberwindliche Barriere, die in ihm Angst und Respekt gleichermaßen einflößte:

> „Doch so viele Berge, so viele Felsen, so zahlreiche und lang gestreckte Bergrücken, so viele Gipfel, so viele Höhen stellten sich uns überall in den Weg, dass man sich fragen muss, was die Mutter und Bildnerin der Welt, die Natur, bezweckt haben kann, als sie dies alles erschuf. Mich wenigstens hat ein gewisser Schauder, aber auch Ehrfurcht ergriffen, als ich jene ewigen und aneinanderhängenden Massen betrachtete, und ich kann sie mir auch jetzt nicht in Erinnerung rufen, ohne zu schaudern."

Über Verona und Trient in Richtung Arlberg ziehend, überschritt er, wie vor ihm der Pabst, den Reschenpass, dessen schmaler Saumpfad dem Florentiner vorkommt, „als ob es in die Unterwelt ginge".

Dieser persönliche Eindruck ist keineswegs nur dem einschüchternden Naturpanorama geschuldet, er entspricht in hohem Grade dem Bildungshorizont des gelehrten Humanisten: Jenseits des Alpenhauptkamms wähnte er eine Welt blindwütiger Barbarei. Auf dem Weg nach Norden suchte in seinen Augen bereits ein Gebirgsbach „mit dem Getöse des Wassers und dem Andrängen des reißenden Stroms die ungestümen und wilden Sitten jener Völker nachzuahmen, von denen dieser herkommt".

Auch sein Eintreffen in der Konzilsstadt vermochte Leonardos längst vorgefasstes Urteil nicht mehr zu revidieren. Mit Abscheu berichtete der Humanist, mit welcher Einfalt man in Konstanz dem in seinen Kreisen so hochgeschätzten Erbe der Antike begegnete. Obgleich er die Bürger immer wieder befragt habe, sei doch niemand in der Lage gewesen, ihm Auskunft über Alter und Ursprung der Stadt zu geben. Als er sich selbst auf die Suche machte, sei er auf eine in die Dommauer eingelassene Steintafel gestoßen, in die der Name des vermeintlichen Stadtgründers Constantius I. eingraviert war. Die einheimischen Banausen indes hätten dieses Zeugnis vergangener Hochkultur zum Objekt abergläubischer Verehrung gemacht: „Die Weiblein und die übrige ungebildete Menge haben die Buchstaben beinahe vollständig ausgelöscht, indem sie die Hände daran rieben und sich dann über das Gesicht fahren." Wie viele seiner humanistisch versierten Zeitgenossen hegte auch Leonardo Bruni den Verdacht, dass seit den Tagen der antiken Germanenstürme die Zivilisation in Deutschland kaum Fortschritte gemacht habe. Umso mehr bedauerte man in Humanistenkreisen das Schicksal des abgesetzten Papstes Johannes XXIII., der seine Haft fern der Heimat im deutschen Provinzstädtchen Heidelberg verbüßen musste. Denn unter den dortigen Barbaren habe er den Wohlklang der italienischen Sprache tagtäglich schmerzlich vermissen müssen.

Kaum freundlicher fiel das Urteil der Italiener über das Idiom der französischen Konzilsgäste aus: „Willst Du französisch reden", so belehrte Bischof Johannes von Fermo seine Landleute, „so rede wie ein italienisches Kind von ein bis zwei Jahren." Während man die Bewohner Frankreichs allgemein für eitel und hochmütig erachtete, taten sich weitere Frontlinien zwischen der Vertretern der verschiedenen Konzilsnationen auf: Vehement verweigerte die französische Delegation der englisch-skandinavischen *natio Anglicana* die formelle Anerkennung. Die Gesandten des Deutschen Ordens nannten den König von Polen einen hartnäckigen Heiden und nicht minder deutlich wetterte der Böhme Hieronymus von Prag gegen „unsere natürlichen Feinde, die Deutschen". König Sigismund selbst soll in einem Zornesausbruch den Franzosen geraten haben, sich gefälligst zum Teufel zu scheren, und die italienischen Kurialen bezeichnete er angeblich als „den Abschaum der Menschheit".

Angesichts der oftmals aufscheinenden Aversionen scheint kaum glaubhaft, dass in Konstanz ein Klima multikulturellen Miteinanders entstehen konnte. Gleichwohl werden immer wieder Versuche fassbar, den alten Ressentiments durch rationale Betrachtungsweisen beizukommen. Gewiss würden „einige verdorbene, wenn auch nur wenige Italiener" die Deutschen im Stillen verlachen und verunglimpfen, so bemerkte der königliche Rat Job Vener:

> „So sprechen sie: Italiener sehen mit zwei Augen. Franzosen mit einem, die Deutschen mit gar keinem; ja sie sagen sogar: der Maulesel eines Italieners ist immer noch gescheiter als irgendein Deutscher."

Doch seien derartige Schmähreden den zahlreichen „guten Italienern" keineswegs negativ anzulasten. Denn große Heilige habe das Land südlich der Alpen hervorgebracht „und auch heute leben unter ihnen viele ausgezeichnete und heiligmäßige Männer". Man war offenbar im Einzelfall bereit, über alle Gräben hinweg voneinander zu lernen.

Bücherbefreiungen am Bodensee

Mithin besaß der Lern- und Austauschprozess ein bisweilen höchst eigenwilliges Profil. Mehr als Plünderung denn als gegenseitige Bereicherung erscheinen die Aktivitäten der humanistischen Bücherliebhaber. Auf der Jagd nach den begehrten Schriften klassischer Autoren durchstreiften sie mit einigem Erfolg die Bibliotheken des Bodenseeraums. Denn in den ehrwürdigen Abteien hoffte man, die Schätze der antiken Bildung unberührt schlummernd vorzufinden. Besonderen Eifer bewies dabei Poggio Bracciolini, der im Gefolge Papst Johannes' XXIII. nach Konstanz gelangt war und nach dessen Absetzung seiner Stellung als päpstlicher Sekretär entkleidet wurde. Mit reichlich freier Zeit und den Geldmitteln italienischer Gönner versehen, unternahm er vier Suchexpeditionen, die ihn bis nach Köln und Burgund führten. Fündig wurde er aber auch im näheren Umkreis, nicht zuletzt in den bis heute weltberühmten Bücherkammern des Klosters St. Gallen. In eindringlichen Worten schilderte er seinen Briefpartnern, wie er kostbare Folianten aus den „Gefängnissen der Barbaren" befreit habe, wo sie von Staub, Schmutz und Ungeziefer bedeckt durch das Verschulden der ungebildeten Mönche dem Vergessen anheimgegeben waren. Im Geiste habe er die Bibliothek selbst klagen hören:

> „Lasst es nicht zu, ihr allerliebsten Männer der lateinischen Sprache, dass ich durch derartige Nachlässigkeit ganz und gar zugrunde gerichtet werde; entreißt mich diesem Kerker, in dessen Finsternis selbst der so große Glanz der Bücher nicht aufzuscheinen vermag."

Diesem Ruf „unserer hohen Herren" sei der Gelehrte gerne gefolgt, auf zwei Karren ließ man die vielversprechendsten Manuskripte nach Konstanz schaffen. Darunter befand sich das lange vermisste Rhetoriklehrbuch des Quintilian, das Poggio mit großem Enthusiasmus innerhalb von 54 Tagen eigenhändig kopierte. Bei seinen Aktionen zur „Bücherbefreiung" waren dem Humanisten nahezu alle Mittel recht. Er scheute nicht vor Bestechung und Hehlerei zurück und griff, vermutlich im Inselkloster Reichenau, in einem unbeobachteten Moment ohne Skrupel zu: „Als ich bei den Deutschen nach Büchern suchte", so schrieb er einem Freund, habe er ein kleines Bändchen mit Inschriften entdeckt und heimlich im weiten Ärmel seines Gewandes verschwinden lassen. Das Lob seiner Mitstreiter war ihm dennoch gewiss: „Es wird wahrlich einst dein Ruhm sein, dass deine Mühe und dein

Fleiß die schon verlorenen und zugrunde gerichteten Schriften jener herrlichen Männer unserem Zeitalter wieder schenkt", so pries ihn sein Konstanzer Weggefährte Leonardo Bruni.

Mit ihm lässt sich ein weiteres Mitglied jenes Humanistenzirkels greifen, der in der Konzilsstadt ein Zentrum geistigen Austausches unter Gleichgesinnten fand. Gemeinsam kultivierte man die Aversion gegenüber dem Gastgeberland und blieb im Wesentlichen unter sich. Dennoch bildete das Konzil eine willkommene Bühne, um das eigene Bildungsniveau publikumswirksam unter Beweis zu stellen und dabei karrierewirksame Kontakte zu knüpfen. Benedetto da Piglio etwa nutzte, da er wie Poggio durch die Absetzung des Pisaner Papstes Johannes XXIII. stellungslos geworden war, die Präsenz von König und Kirchenvolk, um sich durch literarische Leistungen zu empfehlen. Mit geringem Erfolg widmete er König Sigismund eine Eloge, zudem bot er in Konstanz ein breites Vorlesungsprogramm über die Schriften antiker Autoren an. Einen neuen Brotherrn und potenten Mäzen fand er schließlich im Kardinal Oddo Colonna, der als Papst Martin V. bald darauf den Stuhl Petri besteigen sollte.

Das Wirken der italienischen Humanisten in Konstanz geschah demnach keineswegs im Verborgenen. Sie bedienten sich beim Kopieren ihrer antiken Fundstücke einheimischer Schreiber und wurden umgekehrt von den gebildeten Konzilsgästen aus ganz Europa gehört und gelesen. Konstanz entwickelte sich damit zur Drehscheibe humanistischen Gedankenguts, das damals außerhalb Italiens erstmals zarte Blüten zu treiben begann.

Sprechen und singen in fremden Zungen

Mehr noch als auf dem Höhenkamm der humanistischen Bildungsbewegung herrschte im alltäglichen Miteinander eine grundsätzliche Bereitschaft zur Verständigung über alle Herkunftsgrenzen hinweg. Bestehende Sprachbarrieren stellten dabei offenbar kein unüberwindliches Hindernis dar. Als keineswegs polyglott erwies sich Antonio Tallander, als Hofnarr des Königs von Aragon besser bekannt unter dem Namen „Mossen Borra“. Doch hatte er sich einige nützliche Brocken der deutschen, ungarischen und tschechischen Sprache angeeignet, die er stolz seinem Dienstherrn präsentierte. An erster Stelle seiner gesammelten Sprachschätze nennt er das Wort „Frau“, vielleicht ein Hinweis auf sein spezielles Interesse am schönen Geschlecht. Zum Grundvokabular gehörten ferner Grußfloskeln, wie sie heute noch im Glossar jedes Reiseführers zu finden sind: *bi gueti* bedeute im Hörverständnis Tallanders „wie geht es“, die gängige Antwort laute dann: *bol* („wohl“, „gut“). Im Fall der Fälle wusste der Spanier sich mit der Phrase *nit ferston* („ich verstehe nicht“) zu entschuldigen. Für besonders unzugängliche Gesprächspartner hielt er den Ausdruck „alter Hund“ parat.

Im Alltag der Konzilszeit mochte dies kaum genügen, um auf Marktplatz und Gassen die nötigsten Geschäfte abzuwickeln. Für den Handel mit höheren Instanzen hatten die Konzilsväter immerhin Sorge getragen. Im Dom hatten sie zwölf Beichtstühle aufstellen lassen, die allen Kirchgängern offenstanden. An jedem von ihnen stand angeschrieben, in welcher Sprache man dort sein Sündenbekenntnis ablegen konnte. Gottes Ohr und das seiner irdischen Sachwalter zumindest stand allen Konzilsgästen offen.

So viele Schwierigkeiten das babylonische Sprachgemisch auch bereiten mochte, so groß war doch auch die Faszination des fremden Zungenschlags. Akribisch zählt Ulrich Richental allein 17 europäische Sprachen auf, die er zu unterscheiden gelernt hatte – ausgenommen die deutschen Dialekte, denn Oberbayern und Flamen könnten sich ja gerade noch verständigen.

Mit sichtlich mehr Talent als der aragonesische Hofnarr nahm der weltgewandte Minnesänger Oswald von Wolkenstein diese Herausforderung an. Er wagte es nicht nur, Strophen niederdeutscher Mundart zu schreiben, deren Klang ihm als Tiroler exotisch und anziehend zugleich anmutete. Die Sprachvielfalt der Konzilsgäste inspirierte ihn zu schillernden Wortkollagen, ja zu wahren Kakophonien polyglotter Versatzstücke. In der neuhochdeutschen Übersetzung von Dieter Kühn liest sich ein solches Lied wie folgt:

[„*Bog te sprimi!* (Grüß dich Gott!) *Was führt dich her? / Grand merci à toi, sine cura* (sei unbesorgt, ich dank dir sehr). / *Ich freue mich, quod video te* (dass ich dich seh). / *Cum bon amour jaz sem tvoje* (mit großer Liebe bin ich dein). / *Tout mon espoire na te strojiti* (mein ganzes Hoffen gilt nur dir), / *denn du bist Glanz cum gaudeo* (und Lust dazu). / *Opera mea* (was ich getan) – *ich steh dazu, / na dobri si služba bas kâjti* (ich diene dir, so gut ich kann)."]

Nicht allein Oswalds kongeniale Sprachmixturen, auch seine virtuosen Kompositionen verraten ein offenes Ohr für fremde Klangwelten. Das Konzil erwies sich auch hier als offene Bühne für musikalische Talente. Bereits die bei Ulrich Richental genannte Zahl von 1700 Bläsern, Pfeifern, Fiedlern und sonstigen Spielleuten vermittelt einen Eindruck vom vielstimmigen Festivalcharakter des Großereignisses. Allein bis Mitte März des Jahres 1415 registrierte der Chronist 365 weltliche Musikanten, ein anderer Konzilsbesucher notiert für diesen Zeitraum gar 420 Pfeifer und Spielleute. Hinzu kamen die Sänger geistlicher Institutionen. Ein Rechnungsbuch nennt im November 1414 sieben *cantores* der päpstlichen Kapelle, deren Namen überwiegend auf eine flämisch-französische Herkunft verweisen. Bei der Papsterhebung am 21. November 1417 sang dieser Chor nach Richentals Zeugnis „gar schön, wohl eine Stunde lang", auch wenn seine getragenen Stimmen für die Ohren des Chronisten kaum vernehmbar waren. Unüberhörbar war hingegen der Schall der Posaunen und Pfeifen, die besonders bei weltlichen Repräsentationsakten „um die Wette" bliesen, „so stark, dass niemand dabei sein eigens Wort zu verstehen vermochte". Besonderen Eindruck hinterließen offenbar die vier Blech- und drei Holzbläser des englischen Konzilsgesandten Richard de Beauchamp, denn „sie posaunten in drei Stimmen übereinander, wie man sonst zu singen pflegt".

Wie selbstverständlich spricht der Konstanzer Geschichtsschreiber hier die Mehrstimmigkeit vokaler Gesänge an, die erst in der Konzilsära in eine entscheidende Entwicklungsphase trat. Der Kirchenversammlung wird in der europäischen Musikgeschichte nicht ohne Grund eine Scharnierfunktion zugeschrieben. Die bislang regional ausgeprägten Stilvarianten trafen am Bodensee unmittelbar aufeinander. In der intellektuell knisternden Atmosphäre des Konzils konnten sie frei zirkulieren und konkurrieren, sich untereinander vermengen und schließlich zu immer komplexeren Kompositionen verdichten. Die aufsteigenden Stars des europäischen Musikszene, der Flame Guillaume Dufay etwa oder der Engländer John Dunstable, haben möglicherweise in Konstanz ihren ersten künstlerischen Schliff erhalten. Oswald von Wolkenstein war daher nur einer von vielen, der sein Repertoire in diesen Jahren um mehrstimmige Stücke erweiterte und mit der neuen Klangfülle zu experimentieren begann.

Neuheiten und Missverständnisse

Die Gestalt des ritterlichen Sängers, Reisenden und Diplomaten Oswald von Wolkenstein mag stellvertretend für den offenen Geisteshorizont des Konzilszeitalters stehen. Bereits mit zehn Jahren, so berichtet der Tiroler Adelsspross über sich selbst, habe er sein Elternhaus verlassen, um zu sehen, „wie die Welt beschaffen wäre". Er durchstreifte das Baltikum, den Osten Europas bis zum schwarzen Meer und zog mit König Rupprecht 1401 nach Italien. Schließlich schiffte er sich 1408 als Jerusalempilger nach Palästina ein. Oswald entwickelte ein ausgesprochenes Talent als Selbstdarsteller. Den Nimbus eines weitgereisten Weltmanns pflegte er mit gleicher Sorgfalt wie den langen Pilgerbart, der ihm als sichtbares Markenzeichen mondäner Männlichkeit diente. Das Konzil gab ihm die Gelegenheit, dieses Prunkstück um weitere Reisedevotionalien zu ergänzen.

Im Gefolge König Sigismunds, in dessen Dienst er im Februar 1415 getreten war, konnte er seinen Reiseerfahrungen nun auch die Länder im Westen Europas hinzufügen. Über Schottland und England gelangte er als Gesandter des römisch-deutschen Königs nach Portugal und Perpignan im Königreich Aragon, wo er erneut auf seinen Dienstherrn traf. Hier erfuhr er eine besondere Ehrung, die er in seiner selbstverfassten Lebensbeichte ausführlich besang:

> „Die Königin von Aragon war zart und schön; / ergeben kniete ich und reichte ihr den Bart, / mit weißen Händen band sie einen Ring hinein, / huldvoll, und sprach: ‚*Non mais plus disligaides*‘ (Binde ihn nicht mehr los). / Die Ohrläppchen hat sie mir eigenhändig dann / durchbohrt, mit einer kleinen Messingnadel; / nach Landessitte hängte sie zwei Ringe dran.“

Die Ringe verliehen dem Sänger ein exotisches Flair, der selbst König Sigismund in Erstaunen versetzte: „Er riss den Mund auf, schlug ein Kreuz, als er mich sah, und rief mir zu: ‚Was bietest du mir hier für Tand?!‘“ Gleichwohl war er bereit, das Spielchen mitzumachen, indem er Oswald ein rotglänzendes Gewand maurischer Machart schenkte. In dieser bunten Kostümierung zog der Sänger schließlich durch die Straßen der Stadt Paris. Obgleich er dort wegen seinen „Narrenkappe“ viel Spott erntete, ließ es sich auch die französische Königin Isabeau aus dem bayerischen Hause Wittelsbach nicht nehmen, die grandiose Bartpracht um ein weiteres Erinnerungsstück zu bereichern. Mit eigener Hand band sie Oswald einen Diamanten hinein.

Der Wolkensteiner erwies sich hier als Modepionier, entfaltete doch der Reiz orientalischer Maskeraden erst in der zweiten Jahrhunderthälfte seine volle Wirkung. In seinen lebensfrohen Liedern verschweigt er jedoch wohlweislich eine Auszeichnung, die ihm bei seinem kurzen Spanienaufenthalt gleichfalls zuteil wurde: Die Aufnahme in den Aragonesischen Kannenorden. Das Emblem dieser Rittergemeinschaft war eine Vase mit drei Lilien, mithin also das Symbol der keuschen Jungfräulichkeit der Gottesgebärerin Maria. Der sexuellen Abstinenz aber fühlte sich Oswald ebenso wenig verpflichtet wie der späteren Ordensdevise: „Halte Maß!“ Vielmehr suchte er, wieder in Konstanz angekommen, nach eigenem Bekunden sogleich ein Freudenhaus auf. Seinem geliebten Bart freilich gereichte dieser Bordellbesuch kaum zum Vorteil. Weil er offenbar ohne Bezahlung ein wenig „naschen“ wollte, wurde der Sänger „von zarter Damenhand“ kräftig gerupft. Wer im Gesicht gerne „trocken geschoren“ werden wolle, „der wähle als Ziel Konstanz am Rhein“, so empfahl er später seinen

Zuhörern. Immerhin erreichte er am Ende mehr als bei einem Abstecher nach Augsburg, wo ein Mädchen ihn auf der Tanzstube ob seiner stolzen Manneszierde für einen Geißbock hielt und einen hässlichen Affen nannte: „Es wäre mir dort besser ergangen, hätte ich den Bart nicht mitgeführt“, so sein bitteres Resümee.

Handel und Wandel – Das Konzil als Konjunkturmotor

Denk ich an den Bodensee, tut mir sogleich der Beutel weh", so reimte der Sänger Oswald von Wolkenstein. Für den Tiroler Adelsspross, der Zeit seines Lebens unter Schulden ächzte, nahmen die Kosten seines Konzilsaufenthalts ruinöse Ausmaße an: „Sechzehn Heller gilt ein Ei, / für zwei und dreißig kauft man zwei, / Fleisch wenig, Kraut ein groß Geschrei, / aus kleiner Schüssel nach der Reih' / speist mancher Lai', / dem hungrig bleibt der Magen." Ein vielstimmiger Chor fiel in seine Klage mit ein. Kleriker, Kardinäle und sogar der König selbst protestierten vor dem Rat von Konstanz gegen die scheinbar überzogene Preisgestaltung.

Geschuldet war dieses Lamento dem simplen Gesetz von Angebot und Nachfrage. Der Zustrom der auswärtigen Gäste musste den Bedarf an Lebensmitteln und anderen Konsumgütern um ein Vielfaches steigern und ihren Markpreis zwangsläufig in die Höhe treiben. Als König Sigismund mit seinem Gefolge im Frühjahr 1418 sechs Wochen in Ulm verweilte, stiegen dort die Lebenshaltungskosten um etwa das Doppelte. Dieser Problematik waren sich die Organisatoren der Kirchenversammlung zweifellos bewusst.

Schon bei der Auswahl des Tagungsorts hatten neben machtpolitischen in erster Linie verkehrstechnische Argumente den Ausschlag gegeben. Gesucht hatte man eine Stadt in Gebirgsnähe an der Wegscheid zu Italien, „die noch dem römischen Reich zugehöre", so berichtet Ulrich Richental. Als der Herzog von Teck darauf die Stadt Kempen ins Spiel gebracht hatte, wandte Graf Eberhard von Nellenburg ein,

„dass man dort nicht genügend Nahrung fände. Wohl aber läge eine Tagesreise entfernt die würdige Stadt Konstanz am Rhein und am Bodensee, der acht Meilen lang und drei Meilen breit sei. Dorthin brächte man zu Schiff alles Lebensnotwendige. Es wäre auch eine Stadt, wo Fleisch, Fische, Heu und Hafer und alles, was man brauche, zu billigen Preisen zu kaufen sei." Sigismund habe den Schilderungen seines Rats gerne Gehör geschenkt und dessen Empfehlung hocherfreut an Papst Johannes XXIII. weitergereicht.

Der Chronist verkürzt an dieser Stelle einen zweifellos komplexen Diskussionsprozess auf eine einzige Dialogsequenz. Seine Darstellung dürfte dennoch treffsicher jenes Argument aufgegriffen haben, das der Konstanzer Konzilsbewerbung den finalen Zuschlag sicherte: „Man wird schwer einen gleichen Ort finden, wo all die einzelnen, für das Leben der Menschen nötigen und angenehmen Dinge zugleich so zusammentreffen", so bestätigt der päpstliche Kanzleibeamte Dietrich von Nieheim die Stoßrichtung der kurialen Überlegungen.

Ein Knotenpunkt des Fernhandels

Die Bodenseestadt hatte sich zweifellos in der Vergangenheit als ökonomisches Drehkreuz zwischen den florierenden Handelsmetropolen Norditaliens und ihren nordalpinen Absatzmärkten einen Namen gemacht. Zugleich bildete sie einen verkehrsgünstigen Knotenpunkt der deutschen Warenströme, die über die gut erschlossenen Passstraßen des Arlberg, Septimer und St. Gotthard in den Süden flossen. Die Stadt genoss bei ihren auswärtigen Geschäftspartnern offenbar einen exzellenten Ruf. Mehr als in jede andere Macht entlang der nördlichen Handelsrouten, so versicherte das Konsortium Mailänder Kaufleute im Jahr 1390, lege man „alle Hoffnung und Zuversicht" in die Konstanzer und ihre Verbindungsleute. Die Ratsherren ihrerseits ließen es sich angelegen sein, die Sicherheit auf allen Straßen und Wegen in und aus der Stadt aufrechtzuerhalten. Hochgradig gereizt reagierte man daher im Frühjahr 1416 auf mehrere Raubüberfälle, die inmitten der Hochphase der Kirchenversammlung von der Burg Grimmenstein aus auf Konzilsreisende und Kaufmannsschiffe verübt worden waren. Den Burgherren Georg von Enne ließ man in Ketten legen, die Befes-tigung niederbrennen und ihre Steine durch 60 Mann innerhalb einer Woche vollständig abtragen.

Neben der Sorge für sicheres Geleit galt es, fremde Exporteure durch attraktive Handelskonditionen in die Stadt zu locken. Aus diesem Grund entschloss sich der Rat am 1. Februar 1387, „dass man ein Haus erbauen soll, in dem man den Welschen aus Mailand und anderen fremden Leuten ihre Ware lagern und verwahren" könne. Es ist bezeichnend, dass diese Initiative simultan zu den Mailänder Bemühungen erfolgte, eine neue Nord-Süd-Verbindung über die Bündner Pässe zu erschließen.

Der Bau des Kaufhauses verursachte den Konstanzern zweifellos gewaltige Kosten. Binnen drei Jahren entstand auf einem Areal von 53 mal 23,5 Metern ein Gebäude, das einschließlich der Dachböden mehr als 5000 Quadratmetern Grundfläche für Lagerhaltung und Handelsgeschäfte zur Verfügung stellte. Das beeindruckende Bauwerk grenzte unmittelbar an eine Landungsbrücke, sodass sich per Schiff eintreffende Waren mit Kränen direkt an die ihnen zugewiesenen Stapelplätze hieven ließen. Der Betrieb des Kaufhauses zahlte sich insofern aus, als er erlaubte, nahezu den gesamten Warenumschlag des Fernhandels an einem einzigen Ort zu konzentrieren und damit obrigkeitlicher Aufsicht und fiskalischer Nutzung zu unterwerfen. Was auch immer die Kaufleute von nah und fern heranführten, es durfte nur innerhalb des Hauses und durch amtlich bestellte Zwischenhändler veräußert werden.

Die Kaufhausordnung des Jahres 1391 belegt in eindrucksvoller Kleinteiligkeit das breite Sortiment der in Konstanz feilgebotenen Artikel: Hier findet sich Schmalz, Seife und Safran, Pfeffer, Pelze und Papier, Mandeln, Mühlsteine und Muskatblüten, Textilwaren aus Frankreich, Brabant, Venedig und der Lombardei. Die anfängliche Investition der Bürgerschaft sorgte auf dieser Grundlage für satte Erträge: Aus den Zolleinnahmen und Gebühren, die für jeden einzelnen Posten festgelegt wurden, ließ sich zu Beginn des 15. Jahrhunderts fast ein Drittel des städtischen Haushaltsaufkommens bestreiten.

Eine Stadt erweitert ihr Sortiment

Schon vor Konzilsbeginn umwehte Konstanz ein Hauch internationalen Flairs. Mit Lütfried Muntprat blickte nicht allein der reichste Handelsherr der Stadt auf südländische Wurzeln zurück. Immer wieder finden sich in den Ratsbüchern Spuren italienischer Einwanderer, die zweifellos kulturelle Errungenschaften ihrer Heimat mit an den Bodensee brachten. Zu ihnen gehört der Ratsherr Hänsli von Mailan ebenso wie jener Marco aus Venedig, der im Jahr 1388 den einheimischen Handwerksmeistern technische Fertigkeiten zur Herstellung von drei neuen Farben vermittelte. Die Präsenz italienischer Migranten macht verständlich, dass auch ein Konzilsgast wie Benedetto da Piglio sich in Konstanz fast wie zu Hause fühlen konnte. Zwar vermisste er am Bodensee die Feigen- und Olivenbäume seiner Heimat, doch dafür ließ das „allerweißeste Brot und ein Wein, der den Falerner übertrifft", sein italienisches Herz höher schlagen: „Alles ist im Überfluss vorhanden, was man sich zur Lebensweise, zur Pflege, zur Ausstattung und zum täglichen Gebrauch für Menschen und Pferde als notwendig und vorteilhaft nur immer ausdenken kann", so beschließt er sein anerkennendes Resümee.

Das Lob des Literaten gebührt freilich nicht den einheimischen Wirten und Lebensmittelhändlern allein. Sie müssen es sich mit jenen 1400 fremden Dienstleistern teilen, die Ulrich Richental während der Konzilsjahre in den Mauern der Stadt gezählt haben will. Allein 70 Schankwirte hätten die Gäste mit Südweinen versorgt und auf 330 Köpfe belief sich die Schar jener italienischen Bäcker, „die für den Papst und die Kardinäle und andere Herren buken, die aus der Fremde kamen und Pasteten machten und die ihre Öfchen auf Schubkarren setzten, um damit von der einen Gasse zur anderen zu fahren und Pasteten zu verkaufen und aus Hühnerfleisch und Fisch gemachte Fladen und Ringe". Die fremdländischen Spezereien scheinen durchaus den Geschmack des Chronisten getroffen zu haben, der sie als „wohlgewürzt" und preisgünstig bezeichnet. Die Scheu vor dem Unbekannten hatte in seinen Augen hinter pragmatischen Gesichtspunkten zurückzustehen. Der Zustrom fremder Handwerker war den Gastgebern des Konzils ohne Zweifel hoch willkommen. Denn die Kirchenversammlung hatte die Nachfragesituation in der Stadt grundlegend verändert und eine Bedarfslage geschaffen, die durch das einheimische Zunfthandwerk mit seinen traditionellen Erzeugnissen nicht vollständig gedeckt werden konnte.

Der erweiterte Markt der Konzilsjahre schuf in Konstanz genügend Raum für neue Anbieter. Ein Aufflackern von Konkurrenzkämpfen war trotz der günstigen Absatzchancen freilich niemals ganz auszuschließen. So waren es ausgerechnet die fremden Bäcker, die den Stadtrat Ende Februar 1417 zum Eingreifen nötigten. Je zwei Ratsherren sollten mit ihnen und der Konstanzer Bäckerzunft sprechen. Streitgegenstand war offenbar die unterschiedliche Preisgestaltung des feilgebotenen Backwerks.

Von Beginn an hatten sich die Veranstalter des Konzils bemüht, vergleichbaren Konfliktfällen zwischen auswärtigen und ansässigen Geschäftsleuten vorzubeugen, damit keine „unlust“ zwischen beiden Gruppen entstünde. Gemeinsam mit Gesandten von König und Papst ersann man Regelungen, die ein einvernehmliches Miteinander aller Gewerbetreibenden gewährleisten sollten. Die Stadt war dabei in doppelter Hinsicht bereit, über ihren eigenen Schatten zu springen: Zunächst dehnte man für die Konzilsdauer das Konstanzer Bürgerrecht mit all seinen Pflichten und Privilegien auf die zugezogenen Handwerker und Händler aus. Für diesen Zeitraum setzte man zudem den bislang so sorgsam gehüteten Zunftzwang außer Kraft: Bürger und Fremde sollten nach Belieben jedwedes Gewerbe betreiben dürfen, das ihnen Gewinn versprach. Da mit dieser Bestimmung zugleich die zünftischen Preis- und Qualitätskontrollen entfielen, setzte der Stadtrat eine Kommission ein, die auf dem Markt nach dem Rechten sah und Preisobergrenzen für einzelne Produktgruppen festlegte. Ulrich Richental überliefert eine ausführliche Aufstellung des 1414 in Konstanz verfügbaren Warensortiments und seines Gegenwerts in klingender Münze. Auf diese Weise lässt er ein lebendiges Bild der Versorgungslage in der Konzilsstadt entstehen.

Schon wer mit nur einem einzigen Pfennig in der Tasche zu Markte ging, konnte dafür ein gutes Weißbrot, zwei Eier oder einen kleinen Kohlkopf erwerben. Kulinarisch anspruchsvolleres Publikum konnte auf seine Kosten kommen, sofern es größere Barschaft mit sich führte. Ihm stand der Erwerb von Fleischwaren aller Art offen, angefangen vom mageren Rindfleisch für 3 Pfennige das Pfund bis hin zum aromatischen Wildschwein für 7 Pfennige. Noch höhere Summen, nämlich 8 Pfennige, veranschlagte man für den Kauf eines Pfunds Otter oder Biber, die wohl weniger wegen ihres Geschmacks als vielmehr aufgrund ihrer amphibischen Lebensweise einen zahlungskräftigen Kreis von Abnehmern fanden. In der Lebensmittelkunde der Epoche galten sie als Wassertiere, deren Genuss auch an den rund 140 Fastentagen im Jahr gestattet war. Selbst Mönche, denen der Verzehr vierfüßiger Tiere ansonsten generell verboten war, mochten sich an ihnen sättigen. Zudem stand ihnen in Konstanz ein reichhaltiges Sortiment an Speisefischen zur Verfügung, an deren Spitze Karpfen, Hecht und Schleie rangierten.

Die Nähe zum See erwies sich zweifellos als Segen für die geistlichen Konzilsgäste, obgleich auch gesalzene Heringe aus Nord- und Ostsee und in Öl gebackene Fische aus Verona das Angebot bereicherten. Dem Feinschmecker wurden zudem Frösche und Schnecken offeriert, wobei der einheimische Chronist mit einem Anflug von Ekel vermerkt, dass diese nur von den „Welschen“ gekauft worden seien.

Die anfangs auf gehobenem Niveau angesetzten Lebensmittelpreise gaben im Konzilsverlauf stückweise nach, zumal sich der Markt rasch auf die veränderte Nachfrage einstellte. Die Kosten für Korn, Fisch, Heu und Herberge reduzierten sich stufenweise, der kontinuierliche Nachschub an Luxusgütern überstieg wegen der schwankenden Besucherzahlen zeitweise sogar das Kaufinteresse: „Da sehr viel Safran nach Konstanz kam, musste man den Preis mindern, denn solche Dinge, die zum Leben notwendig waren, ließ man nicht unverkauft aus Konstanz heraus“, so vermerkt Ulrich Richental. Dennoch musste die lange Konzilsdauer die Geldbörsen der angereisten Gäste erheblich strapazieren.

Den Umfang der Aufwendungen eines prominenten Konzilsteilnehmers mag beispielhaft der Blick in die Rechnungslegung des Reichserbkämmerers Konrad von Weinsberg belegen. Für einen sechswöchigen Aufenthalt am Tagungsort zu Jahresbeginn 1418 sind dort Ausgaben von gut 230 Gulden verzeichnet, die in ihrer Mehrzahl für den täglichen Einkauf von Lebensmitteln verausgabt wurden. Ein Gutteil der Mittel wanderte in die Hände der Bäcker, den zweigrößten Posten bildete Fisch für insgesamt 35 Gulden. Das erste Abendessen des schwäbischen Adligen nahm sich vergleichsweise bescheiden aus: Neben einem Hecht erwarb man Eier und Mehl für einen Brei. Dass die Tafel des Kämmerers durchaus gehobenes Niveau aufweisen konnte, belegt der Einkauf für ein Gastmahl mit dem König am 24. Januar: Aufgetischt wurden jeweils drei Hechte und Karpfen, sowie weitere Fische, Krebse und Geflügel, in verschiedenen Variationen gekocht und verfeinert unter anderem mit Reis, Olivenöl, Kümmel und Muskatblüte. Kredenzt wurden dreierlei Weine, zum Abschluss des Mahles reichte man Obst und weißen Konfekt. Wie die Aufzeichnungen offenbaren, überstiegen die Unkosten des kurzen Konzilsaufenthalts bei Weitem das übliche Lebensmittelbudget des Kämmerers.

Eine Schuldenblase entsteht …

Die soziale Zusammensetzung der Konzilsteilnehmer verhinderte die Entstehung eines geschlossenen Wirtschaftskreislaufs. Der in Konstanz zahlreich vertretene Klerus und Adel blieb auf die mitgeführte Barschaft und den oftmals stockenden Geldfluss von außen angewiesen. Zumal sich kaum einer der Anwesenden auf eine dreijährige Tagungsperiode eingestellt hatte, drohte ein Abgleiten in Schulden, Armut und Ruin. Nur vereinzelt vermochte die Stadt durch gezielte Förderprogramme den wirtschaftlichen Notstand abzumildern. Den „armen Priestern, Kurienmitgliedern und Schülern“ eröffnete man die Möglichkeit, beim Ausbau der Stadtmauern ein erkleckliches Einkommen von täglich 18 Pfennigen zu erwirtschaften. Dass diese öffentliche Arbeitsbeschaffung – zumal für die höheren Würdenträger in

Kirche und Welt – keine wirkliche Option darstellte, ergibt sich aus dem ausdrücklich vermerkten Gebot an die Bürger, die geistlichen Tagelöhner nicht mit Hohn und Spott zu überziehen.

Eine Alternative bot die Aufnahme von Darlehen. Autorität definierte sich auch auf dem Konzil vor allem durch Äußerlichkeiten. Wer im Umfeld der Kirchenversammlung politische Ziele und private Interessen verfolgte, war daher einerseits zur Aufrechterhaltung eines standesgemäßen Lebensstils gezwungen. Andererseits bürgten Rang und öffentliches Ansehen für die Bonität des Schuldners und gewährten daher Zugang zu den Bargeldressourcen gewerbsmäßiger Kreditgeber. Zahlreiche Bankhäuser boten in Konstanz ihre Dienste an, führend waren dabei die Florentiner Großgesellschaften. Insgesamt zählt Ulrich von Richental 73 Finanziers, die exklusiv den Papst und seine Kurie mit Bargeld versorgten. Zudem waren 60 frei agierende Geldhändler präsent, darunter auch der junge Cosimo de' Medici. Ihre Solvenz und soziale Geltung demonstrierten die Florentiner Bankiers am Johannisfest des Jahres 1416 in Form einer prachtvollen Festprozession, der sich angeblich alle weltlichen Fürsten und ein Großteil der Geistlichkeit anschlossen. Freilich war die Teilhabe an solchem Wohlstand teuer erkauft, denn trotz aller kirchlichen Wucherverbote lag der wöchentliche Verzugszins der Geldhändler bei zwei Schillingen pro geliehenem Pfund und damit bei jährlich stolzen 43,3 Prozentpunkten. Auch reichten die Bankkapazitäten kaum aus, um den Bargeldbedarf zu befriedigen: „Ich könnte eher in Italien tausend Pfund aufnehmen als hier hundert“, so berichtete der chronisch klamme Ordensprokurator Peter von Wormditt an seinen Dienstherren. Ja selbst die Schuldhaft hatte man ihm angedroht, bevor es ihm kurz darauf doch gelang, die stolze Summe von 4000 Goldgulden aufzutreiben.

Günstiger war es allemal, bei den Wirten und Händlern der Stadt anschreiben zu lassen. Ein Gutteil der Konzilsgäste, allen voran König und Papst, machten von dieser Option reichlich Gebrauch. Wer unter den Bürgern mochte schon den Oberhäuptern des Heiligen Römischen Reiches und der universalen Kirche die Kreditwürdigkeit absprechen? Als solide erwies sich allein die Zahlungsmoral Martins V.: Das vatikanische Archiv verwahrt Zahlungsvermerke an Herbergswirte, Lieferanten und Handwerker in bunter Fülle. Ganz anders aber agierte Sigismund I.: Zwar wies er in den Jahren 1415 und 1418 seine Höflinge an, nicht eher die Stadt zu verlassen, bis dass ihre Schulden bei den Bürgern bis auf den Pfennig beglichen seien. Er selbst aber sah sich an dieses Gebot offenbar nicht gebunden, obwohl ihn der Rat diesbezüglich mit allem gebotenen Respekt ausdrücklich ermahnte.

Es kam zu einer ergreifenden Szene, die uns Ulrich Richental in aller Ausführlichkeit schildert: Der König ließ die gesamte Bürgerschaft in den Hallen des Kaufhauses zusammenrufen. Er rühmte ihre Treue und verwies rhetorisch geschickt auf den Vertrauensvorschuss, den er den Konstanzern mit der Wahl des Konzilsorts entgegengebracht habe. Nun verlangte er gleiches von den Stadtbewohnern: Sein Schuldenstand sollte sorgfältig verzeichnet, einige Ballen wertvollen Tuchs als Pfand hinterlegt und die Bürger ansonsten in gutem Glauben belassen werden. Dabei blieb es denn auch. Erst als die Zahlungsfrist verstrich, wurde das wahre Ausmaß des königlichen Zechbetrugs sichtbar: Weil die Tuchballen mit goldenen Wappenschilden markiert waren, fanden sie auf dem Textilmarkt kaum Abnehmer und erzielten am Ende nur die Hälfte der ursprünglich angesetzten Pfandsumme. „Also sind die von Konstanz betrogen worden“, so notiert der ernüchterte Konzilschronist Richental.

… und zerplatzt!

„Wiewohl sie schon eine ansehnliche Stadt war, ist sie bedeutend emporgekommen, seitdem das Konzil daselbst war“, schrieb der spanische Reiseberichterstatter Pero Tafur, der im Jahr 1438 in Konstanz eintraf. Diese Bilanz mag zumindest befremden. Unter dem Strich ist der positive Einfluss der Kirchenversammlung auf die städtische Entwicklung mit großer Skepsis zu betrachten. Als Gastgeberin hatte sich die Stadt sicherlich größeren Gewinn erwartet.

In großer Sitzung ließ der Rat im Sommer 1417 eine Liste derjenigen Gnadenerweise erstellen, die man von König und Papst erbitten wollte. Freiheit von fremder Gerichtsgewalt, bedeutende Ablassversprechen und die Gleichstellung mit den Kaufleuten der Hanse im Flandernhandel erscheinen auf diesem städtischen Wunschzettel. Tatsächlich erfüllt wurde nur ein Teil dieser Punkte, zumeist die geringeren und kostengünstigen. Wenn die Konstanzer fortan ihren Jahrmarkt als Messe bezeichnen durften, der Bürgermeister mit königlich-rotem Wachs siegelte und man dem Stadtbanner einen roten Stoffwimpel (*Zagel*) hinzufügte, so waren dies Gnadengaben von vornehmlich symbolischem Wert. Immerhin gelang es der Stadt, vom König das einstmals österreichische Landgericht im Thurgau als Pfand zu erwerben und damit den Grundstein für den Aufbau eines Territoriums im unmittelbaren Hinterland zu legen.

Die neu erworbenen Vorrechte stellten vor allem einen politischen Wechsel auf die Zukunft dar, den einzulösen den Konstanzern letzten Endes kaum gelingen sollte. Inwieweit die Sonderkonjunktur der Konzilsära größere Geldbeträge in die Taschen der Bürger gespült hatte, entzieht sich einer exakten Analyse. Vermutlich aber hatte nicht nur König Sigismund, sondern auch zahlreiche andere Gäste ein prachtvolles Leben auf Pump geführt, sodass die Abschreibungssummen aus unerfüllten Forderungen im Einzelfall die erzielten Profite überstiegen. Zumindest belegen die leider erst im letzten Konzilsjahr einsetzenden Steueraufzeichnungen, dass zahlreiche zünftische Handwerker in den Folgejahren der Kirchenversammlung in wirtschaftliche Not gerieten.

Die Schere zwischen Arm und Reich begann sich weiter denn je zu öffnen: In den zehn Jahren nach Ende des Konzils stieg die Zahl der Vermögenslosen stetig an. Besaßen im Jahr 1418 rund 60 Prozent der registrierten Steuerzahler keinerlei fahrendes Gut, so waren 1428 bereits 82 Prozent vollkommen mittellos. Spürbare Einbußen an beweglicher Habe hatte auch die vergleichsweise schmale Mittelschicht zu verkraften: Die Zahl derjenigen, die zwischen einem und 200 Pfund Heller an Fahrhabe zu versteuern hatten, reduzierte sich im fraglichen Zeitraum um rund zwei Drittel. Auch die Gruppe der Vermögenden musste Federn lassen; das gesamte Steueraufkommen der Stadt war ebenso wie der Zoll des Kaufhauses stark rückläufig. Es ist kein Wunder, dass selbst Vertreter des Patriziats 1421 erstaunt beklagten, „dass durch das Konzil der Stadt großer und reicher Besitz zugefallen sei und sie selbst dennoch unter großen Schulden litten". Diese Aussage besitzt allerdings keineswegs für alle Angehörigen der alten Geschlechter gleichermaßen Gültigkeit: Einige der wirklich Wohlhabenden wurden immer reicher, allen voran die Muntprats, die ihr Familienvermögen bis 1433 nahezu verdoppelten. Sie allein waren in der Lage, die wirtschaftlichen Impulse der Konzilszeit aufzunehmen und in ihre internationalen Handelsaktivitäten einzubringen.

Zugleich schlug die Stunde der Spekulanten. Der Färber Ulrich Imholz, vielleicht erst zur Konzilszeit nach Konstanz zugezogen, stieg bald in großem Stil in den lukrativen Textilhandel des deutschen Südwestens ein. Wohl im Windschatten des Lütfried Muntprat und mit diesem wirtschaftlich eng verbunden, vermehrte er sein Vermögen zwischen 1418 und 1428 um sagenhafte 125 Prozent auf rund 12 000 Pfund Heller. Sein Geschäftsgebaren als Großkaufmann kollidierte mitunter hart mit den genossenschaftlichen Interessen der Zünfte. Den Leinenwebern etwa gab er brüsk zu verstehen, er könne mit seinem Geld tun und lassen, was immer er wolle. Doch auch das Imperium des Ulrich Imholz gründete sich in erster Linie auf Schulden und brach zusammen, sobald er in widrigen Umständen die aufgenommenen Kredite nicht mehr zu bedienen vermochte. Nach einem ersten großen Einbruch 1431 blieb ihm vier Jahre später nur mehr der Weg in die Insolvenz. Am 25. August des Jahres 1435, so liest man in einer städtischen Chronik, „da floh aus diesem Land Ulrich Imholz, der in Konstanz reichlich Kaufkraft und Kredit besessen hatte, und wie man sagte hinterließ er Schulden von 80 000 Gulden und mehr und hatte viele Leute geschädigt und betrogen".

In der Not blühte das Geschäft mit der Leichtgläubigkeit. Die Darlehnszinsen standen hoch in diesen Tagen, bares Geld war schwer aufzutreiben, so weiß ein Stadtgeschichtsschreiber zum Jahr 1425 zu berichten. Gleich anschließend erzählt er von einem italienischen Abenteurer, der am Bodensee als Alchimist von sich reden gemacht habe. Vielerorts glaubte man seinen Versprechungen, Blei in Gold verwandeln zu können. „Mit hundert Pferden, Rittern und Knechten prunkvoll wie ein Fürst" habe er schließlich Einzug in die Stadt Konstanz gehalten. Zahlreiche Bürger, Männer wie Frauen, hätten ihm, geblendet von dieser Fassade, ihr Gut anvertraut. Am Ende jedoch stellte sich heraus, „dass alles Betrug gewesen war, was er gemacht hatte, und die Leute, die ihm ihr Geld gegeben hatten, kamen dadurch in großen Kummer und Schaden".

Krisenbewältigung auf Konstanzer Art

In den Jahren nach dem Konzil schien die Stadt Konstanz nicht allein ökonomisch in einer Abwärtsspirale gefangen. Kaum hatte sich die Kirchenversammlung aufgelöst, da brach eine schwere Seuche über die Bürger herein, „sodass tagtäglich acht bis zehn Leichen in Konstanz waren und mehr als 600 Bürger mit Frauen und Kindern aus der Stadt zogen", wie Ulrich Richental berichtet. Ein neues „großes Sterben" folgte bereits 1425. Alte Feinde der Stadt traten erneut hervor. Der Ritter Georg von Enne, dessen Burg die Konstanzer während des Konzils niedergelegt hatten, überzog die Stadt mit einer schweren Fehde. Im Zeichen der allgemeinen Krise lebten allenthalben die sozialen und politischen Spannungen wieder auf, die in der Hochstimmung der Konzilstage fast vergessen schienen.

Nicht zuletzt die alten Gräben zwischen Patriziat und Bürgergemeinde wurden neuerlich sichtbar. Die Vertreter der Zünfte nutzten ihr Übergewicht im Rat, um sozialen Umschichtungen wo immer möglich einen Riegel vorzuschieben. Als sie im Sommer 1420 erneut gegen einen Eintritt wohlhabender Zunftbürger in die Gesellschaft der „alten Geschlechter" einschritten, kam es zu einer ersten Eskalation: Mehr als 30 Patrizier und zahlreiche der ihnen verbundenen Zünftler zogen demonstrativ aus Konstanz fort. Zwar gelang es durch Vermittlung der benachbarten Bodenseestädte, die Mehrzahl der Stadtflüchtigen Anfang 1422 zur Rückkehr zu bewegen. Doch waren die Fronten damit längst nicht geklärt. Unter der Oberfläche gärte weiterhin der

Zorn der Zunftbürger über den ungleich verteilten Wohlstand. Ihr nächster Schlag richtete sich daher im Juli 1425 gegen die großen Handelsgesellschaften, deren dominante Marktmacht vielen bodenständigen Gewerbetreibenden offenbar suspekt erschien. Sich ihrer „zum gemeinen Nutzen des Landes" gänzlich zu entledigen, erwies sich am Ende jedoch als verfehltes Experiment. Die Strategie des Rates, die kartellartigen Strukturen des Großkapitals im Alleingang zu zerschlagen, war am Ende wenig wirkungsvoll. Wiederum verließ ein Gutteil der Betroffenen das Stadtgebiet, um ihr Geschäft in altgewohnter Form von benachbarten Gemeinden aus zu betreiben. Die Zurückgebliebenen hingegen bekamen die Folgen des Kapitalabzugs deutlich zu spüren. Vier Jahre später jedenfalls, im März 1429, musste sich der Rat kleinlaut bescheiden, seinen Auflösungsbeschluss zurückzunehmen, da in seiner Konsequenz „die Gewerbe fortgezogen werden und das Kaufhaus großen Verlust erleidet".

Die Zunftmehrheit im Rat stichelte weiter gegen die Geschlechter, die Stimmung in der Stadt erreichte schon wenige Monate später erneut den Siedepunkt. Auslöser war abermals ein Strafbescheid gegen einzelne Zünftler, die sich eng an die Patriziergesellschaft „Zur Katz" angeschlossen hatten. Wiederum reagierten die Betroffenen, indem sie kollektiv ihr Bürgerrecht aufkündigten. Diesmal jedoch wollte man ihnen den Auszug verwehren. Bewaffnete Bürger blockierten die Tore der Stadt und setzten die Patrizier in der bischöflichen Pfalz unter Belagerung. Nur mit Mühe konnte ein Blutvergießen verhindert werden; nach zähen Verhandlungen begaben sich schließlich 42 Gesellen der „Katz" mit ihren zünftischen Freunden ins nahe gelegene Schaffhausen. Politische Stabilität aber kehrte dadurch noch längst nicht nach Konstanz zurück, auch innerhalb der Zunftgemeinde begann es vernehmlich zu rumoren.

In dieser aufgeheizten Atmosphäre bot eine Welle von Pogromen gegen die jüdischen Gemeinden im Bodenseeraum eine willkommene Ablenkung. Gleich in doppelter Hinsicht konnten die Konstanzer Juden als Exponenten der finanziellen Misere gelten: Zunächst waren viele von ihnen im Geldhandel tätig, nicht wenige Bürger standen mit

Kleinkrediten bei ihnen in der Kreide. Zum anderen hatte der König ihnen als seinen „Kammerknechten" einen Teil seiner Konzilsschulden zur Tilgung aufgebürdet. Als der amtierende Rat in dieser Angelegenheit in Verhandlungen mit Sigismund trat, ergriffen gut 600 Handwerker von sich aus die Initiative. Im Juli 1430 drangen sie marodierend in die Häuser der Juden ein, 83 von ihnen wurden gefangen in den Ziegelturm am Rhein gelegt. Anschließend rissen die Aufrührer das Regiment über die Stadt an sich und wählten einen neuen Rat.

Die Revolte provozierte ein Einschreiten des Königs, der nicht ganz ohne Eigeninteresse die Konflikte in „seiner" Reichsstadt beizulegen suchte. Eher strafend als vermittelnd trat er zwischen die streitenden Parteien. Sein Richterspruch stärkte in nahezu allen Punkten die Position der „alten Geschlechter", die nun wieder nach Konstanz zurückkehren und die angestammte Hälfte der Sitze im nunmehr auf 23 Mitglieder verkleinerten Ratsgremium einnehmen konnten. Die politische Macht der Zünfte wurde auf mehrfachem Wege beschnitten, ihre Zahl durch Zusammenlegung auf nur mehr zehn halbiert. Für die Verfolgung der Juden verhängte Sigismund zwar eine hohe Geldbuße gegen die Stadt, erlegte diesen aber umgekehrt die Verpflichtung auf, die Zahlung von 18 000 Gulden an seine privaten Gläubiger aus der Konzilszeit zu leisten. Auf ihre wehrlosen Schultern hatte der König somit die enorme Schuldenlast geladen, die das Klima in Konstanz so nachhaltig vergiftet hatte. Obgleich es ihnen tatsächlich gelang, mit Hilfe befreundeter Gemeinden die enorme Summe zu hinterlegen, wurde die Mehrzahl der Juden in der Folgezeit aus der Stadt vertrieben. Die königliche Neuordnung der Stadtverfassung erwies sich hingegen als erstaunlich erfolgreich. Die Ära der spätmittelalterlichen Bürgerkämpfe hatte mit ihr ein Ende gefunden.

Seinen Ausklang fand der Aufenthalt Sigismunds I. in Konstanz in einem rauschenden Fest. Feierliche Gottesdienste und Prozessionen, ritterliche Turniere auf dem Fischmarkt und gemeinsames Tanzvergnügen mit der Gemeinde auf dem Kaufhaus standen auf dem Programm der allgemeinen Lustbarkeiten am 8. Januar 1431. Zehn Tage später folgte eine weiterer Reigen in der neu errichteten Trinkstube

„Zur Katz“, hier fand sich auch Oswald von Wolkenstein an der Seite seines königlichen Herrn in Konstanz ein: „O wonnigliches Paradeis, / Allein in Konstanz find ich dich! / Was ich auch lese, hör und weiß: / Aus vollem Herzen freust Du mich“, reimte er später über dieses Ereignis. Denn ob in Kirche oder Welt: Wo immer hart gestritten wurde, da wusste das Mittelalter auch ausgelassen zu feiern.

Augenschmaus und Sinnesfreuden – Ein freudenreicher Ort

„Zeit zu lesen oder sich zu bilden gab es nicht bei dem ständigen Musizieren, Flötenspielen, Zitherklängen und Gesängen, von denen die Luft ringsum voll war, an einem Ort, an dem das bloße Wissenwollen größte Narrheit gewesen wäre", so berichtete der päpstliche Sekretär Poggio Bracciolini in seine italienische Heimat. War die humanistische Bildungsbewegung ohne Zweifel eine ernste Angelegenheit, so blieb der gelehrte Florentiner doch ein Kind der lebensfrohen italienischen Renaissance. Die Annehmlichkeiten der Konzilsstadt hatten es ihm daher sichtlich angetan:

> „Große Pferderennen, verschiedenartige Fechtspiele und andere Attraktionen füllten den Tag. Bis in die späten Abendstunden ertönte dieser Lärm in allen Straßen, wie der Wasserfall des Rheins vor den Toren der Stadt. Überall wo man hinschaute sah man farbenprächtige Leuchter. Jung und Alt tummelten sich feierlich gekleidet in den Straßen."

In der Stadt Konstanz waren Schaulust, Spiel und Zeitvertreib bereits vor Beginn der Kirchenversammlung keineswegs unbekannt. Echte Sensationen blieben freilich seltene Ausnahmen und zogen die besondere Aufmerksamkeit der Chronisten auf sich: Zum Stadtgespräch wurde es, als im Jahr 1378 die schwangere Frau des Weinschenken Liephart den Wunsch äußerte, gemeinsam mit ihrem Mann das Baugerüst zu besteigen, das damals um die beiden Münstertürme herum errichtet war. Während der Gatte auf halbem Weg zaudernd zurückblieb, kletterte sie bis ans obere Ende der Leiter. Ihr tat es wenig später ein gelähmter zwölfjähriger Knabe gleich, der sich auf dem Hintern mit Hilfe zweier Schemel behände über die schwankenden Gerüstplanken bewegte.

Neben den hohen Kirchenfesten und dem Jahrmarkt Ende November stellte das ritterliche Kräftemessen der Konstanzer Patrizier ein besonderes Spektakel dar, das regelmäßig auch auswärtige Gäste in die Stadt lockte. Diese adlige Tradition erhielt durch das Konzil enormen Aufschwung. Täglich habe es Reiterspiele gegeben, so vermerkt Benedetto da Piglio und auch Ulrich Richental berichtet mehrfach von Turnierkämpfen, an denen sich 1418 auch König Sigismund in eigener Person beteiligte – allerdings inkognito „mit geschlossenem Visier und ohne Wappen. Er nahm an neun Rennen teil, stach einen Ritter und einen Edelknecht nieder und zog mit geschlossenem Visier wieder fort." Es musste eine sorgsam platzierte Spitze gegen das selbstbewusste Patriziat darstellen, wenn der zünftisch beherrschte Rat vier Jahre später allen Stadtbewohnern bei hoher Strafe untersagte, „künftig um Ringe oder Schmuck miteinander zu stechen".

Wie so oft stellen die Ratsbücher mit ihren Verboten und Verordnungen eine Negativfolie dar, vor deren Hintergrund sich das alltägliche Amüsement der Stadtbürger nur schemenhaft abzeichnet. Sichtbar wird das bunte Treiben der alemannischen Fastnacht, wenn der Rat im Jahr 1451 das maskierte Umherziehen auf den nächtlichen Gassen mit Strafen belegte. In den Folgejahren zeigte sich jedoch, dass insbesondere die Wohlhabenden der Stadt lieber die Geldbuße bezahlten, als auf den beliebten Mummenschanz zu verzichten. Entschieden zu bunt trieb es freilich der Gerber Kratt: Er wurde ein halbes Jahr der Stadt verwiesen, weil er am Aschermittwoch 1436 „allenthalben in der Stadt die Leute in sein Hinterteil hat sehen lassen". Zu Weihnachten zogen die Findelkinder um Spenden singend von Haus zu Haus, Weinrufern, Pfeifern und fahrenden Frauen sollte dies verboten sein. Lautes Singen und Krakeelen in der Nacht hatte ebenso zu unterbleiben wie der Weinausschank nach Sperrstunde. An Feiertagen und in Notzeiten wurde ferner mitunter das Tanzen auf den Gassen eingeschränkt, und wer während der Verbotszeiten einem Straßenmusikanten sein Instrument entriss, sollte straffrei ausgehen. Es ist davon auszugehen, dass Musik, Tanz und Ausgelassenheit im Bild der Stadt ansonsten ihren festen Platz besaß. Ähnliches galt für das Spiel mit Karten, Würfeln oder Bällen: Kein anderer Gegenstand stand so häufig auf der Agenda des Konstanzer Rats, immerhin 17 Erlässe zwischen den Jahren 1381 und 1443 befassten sich mit der Spielleidenschaft der Bürgerinnen und Bürger.

Eine heimliche Hauptstadt des Spiels

„Doch sah ich nie mehr Steine als zu Konstanz in der Stadt", so bekannte um 1337 der Benediktinerbruder Konrad von Ammenhausen. Nur wenige Meilen von der Konzilsstadt geboren, hatte er Frankreich und die Provence bereist. An keinem Ort aber habe er mehr Spielsteine auf einem Brett gesehen als am Bodensee, wo man offenbar besonders exotische Varianten des Schachspiels pflegte. Nicht nur persönlich war der theologisch versierte Mönch vom intellektuellen Reiz und der taktischen Raffinesse des Spiels der Könige fasziniert. In seinem *Schachzabelbuch* empfahl er es auch anderen als Mittel der moralischen Selbstunterweisung, könne man doch aus Figurenset und Zugfolgen allegorische Regeln einer gottgefälligen Lebensführung ableiten. Daher sei es jedem anderen Zeitvertreib überlegen:

> „Wer richtig handeln möchte, / der soll sämtliche anderen Spiele meiden / und lernen, die Schachfiguren zu ziehen. / Damit vertriebe er sich so manche Stunde, / ohne dass er ein halbes Pfund verlöre."

Die Konstanzer Stadtväter teilten diese Einschätzung offenbar. Das *schachzabel* gehörte neben Mühle und Kegeln zu denjenigen Arten von Kurzweil, die der Rat im Dezember 1379 ausdrücklich von seinem Verbot ausnahm. Darüber hinaus aber stand man dem Spielbedürfnis der Bürger mit erkennbarer Skepsis gegenüber. Gerade dort, wo ein

Spiel „*gevarlich*", das heißt um hohen Geldeinsatz betrieben wurde, drohte Verschuldung und Bankrott. Doch damit nicht genug: Um 1500 ließ man die alten Satzungen im roten Buch erneut niederschreiben, damit „ihr wisst und ermessen könnt, was jedem aus dem Spiel (...) erwachsen und entstehen kann, nämlich Gewalt, Ruin, Fluchen, Ermordung und anderes". Mit den Sittenpredigern des ausgehenden Mittelalters war man sich sicher: „Vom Spiel erhebt sich alle Zeit / Fluchen, Schimpfen, Frevel, Zorn, Diebstahl und Streit." Das Ratsregiment folgte damit einem Gedankengang, den der Basler Jurist Sebastian Brandt schließlich poetisch treffend auf den Punkt brachte: „Spiel kann wohl niemals sein ohne Sünd. / Ein Spieler ist nicht Gottes Kind, / denn Spieler all des Teufels sind!"

Um die eigenen Bürger vor Höllenqualen zu bewahren, ließen die Ratsherren in unregelmäßigen Abständen Spielverordnungen verfassen und auf dem oberen Münsterplatz öffentlich verlesen. Die Verbote erfolgten selten so pauschal wie nach dem Ende des Konzils 1418, als man auf ein Jahr generell jedes Spiel in privaten Stuben untersagte. Zumeist wurde die Beschränkung zeitlich und inhaltlich weiter differenziert: Am 7. November 1417 verfügte man anlässlich des Konklave, dass sich niemand bis zum Abschluss der Papstwahl dem Spiel mit den Karten hingeben solle. Vermutlich fürchtete man, die segensreiche Ankunft des Heiligen Geistes durch einen allzu freizügigen Umgang mit dem „Brevier des Teufels" zu beeinträchtigen. Immerhin galt im nahegelegenen Basel die Regel, dass jedermann selbst die erlaubten Spiele beim Klang des Wetterläutens ruhen lassen müsse, „damit uns der allmächtige Gott desto eher seine göttliche Gnade zuteil werden lasse und gute Wetter bescheren wolle".

Spielkarten konnten noch zu Konzilszeiten als relativ neues Phänomen gelten, ihr erster gesicherter Beleg auf europäischem Boden findet sich 1377 in Florenz. Doch noch im gleichen Jahr trat auch am Oberrhein ein eifriger Anhänger dieses Zeitvertreibs hervor. Der Basler Dominikaner Johannes von Rheinfelden verfasste eigens einen Traktat über den *Ludus cartularum*, der eine Beschreibung von sechs verschiedenen Spielvarianten enthält.

Die Kartengestaltung erinnert in vielerlei Hinsicht bereits an das heutige „deutsche Blatt“: „Vier Könige sind auf vier Karten gemalt, von denen ein jeder auf einem königlichen Thron sitzt und jeder ein bestimmtes Symbol in der Hand hält“, so heißt es zum Auftakt des Werkes. Nach ihren vier Zeichen bzw. Farben gruppiert folgen Damen, Ober und Unter. Auch die unteren Zählkarten werden mit Standesbezeichnungen versehen und etwa als Bäcker, Müller, Bauer und Küfer betitelt. Der Predigermönch begrüßte das Auftreten des neuartigen Spiels ausdrücklich als Gewinn für die Menschheit, da es „Adligen und anderen müßigen Leuten nützlich sei, damit sie unterdessen nichts Schlechtes verrichten, zumal wenn sie mit einiger Bildung und ohne Geldeinsatz diesem Spiel frönen“. Die bürgerlichen Ratsherren in Konstanz mochten sich dieser optimistischen Einschätzung kaum anschließen. Sie hielten es eher mit jenem Barfüßermönch des 15. Jahrhunderts, der mit scharfen Worten die italienisch *trionfi* (Trümpfe) genannten Spielkarten als Ausgeburten der Hölle geißelt:

> „Es gibt nichts, was Gott so zuwider wäre wie das trionfi-Spiel, weil alles mit dem Christentum unvereinbare Böse in ihm zutage tritt (...). Die Bezeichnung trionfi stammt vom Teufel selbst, weil er in keinem anderen Spiel häufiger obsiegen und Triumphe feiern kann.“

In Konstanz allerdings stand man dem diabolischen Vergnügen insofern gelassen gegenüber, als man zumindest seinen mäßigen Genuss straffrei ausgehen ließ: „Aber um eine Mahlzeit, um die Zeche und bei Frauen kann man unbefangen um Kleingeld spielen“, so hieß es im Januar 1389. Im Lauf der Jahre fand das Kartenspiel zusehends größere Akzeptanz, sodass der Rat 1425 nur mehr neuartige Varianten verbot und ansonsten bestimmte: „Und wenn einer Kartenspielen will, dann soll er spielen, wie es dem alten Herkommen entspricht.“ Zudem richtete man einen öffentlichen „Spielplatz“ am Rheinufer auf der Brühl ein, um so das Treiben der Spieler besser überwachen und Auswüchse unterbinden zu können.

Verfehlt wäre es sicherlich, die gesetzlichen Spielverbote unbedacht mit der gelebten Realität gleichzusetzen. Ebenso wenig wie es ihnen gelang, den Stadtbewohnern das Kartenspiel zu vergällen, konnten sie den übrigen genannten Vergnügungen Einhalt gebieten. Sie informieren ganz im Gegenteil darüber, was die Bürger in ihrer Freizeit alles tun und lassen mochten. Zum Spektrum der zumindest suspekten Lustbarkeiten gehörten neben dem Karten- auch bestimmte Varianten des Brett- und Würfelspiels. Eine ganze Liste inkriminierter Spielweisen ließ der Rat im Jahr 1439 schriftlich festhalten. Spielbezeichnungen wie *lustlis kouffen*, *funfi* oder *hasen äfflen* klingen für heutige Ohren exotisch, ihre Inhalte lassen sich nur begrenzt rekonstruieren. Beim *Fünflen* oder *Neunern* galt es offenbar, mit zwei Würfeln die namengebenden Augenwerte zu erzielen. Ansprechend scheint es, hinter dem *gens badlach* („Der Gänse Badeteich") eine Frühform des im 16. Jahrhundert weit verbreiteten und noch heute in zahlreichen Ländern produzierten *Gänsespiels* zu vermuten. Die Spieler müssen dabei ihre Figuren über die Felder eines spiralförmigen Spielplans ins Zentrum des Brettes bringen. Ereignisfelder wie das Wirtshaus, die Brücke oder der Tod beschleunigen oder behindern ein Fortkommen: „Das Leben ist ein Gänsespiel: / Je mehr man vorwärts gehet, / Je früher kommt man an das Ziel, / Wo niemand gerne stehet", reimte noch Johann Wolfgang von Goethe in Erinnerung an glückliche Kindertage.

Kaum Einwände erhob der Rat gegen das Kegelspiel, sofern es nicht mit einem Lederball betrieben wurde. Hier kamen vermutlich die gedrechselten Holzkugeln von etwa 6,5 cm Durchmesser zum Einsatz, die Archäologen in Konstanz mehrfach geborgen haben. Neben dem klassischen Kegelspiel scheinen auch alte Formen des Pétanque sowie dem heutigen Krocket ähnliche Schlagspiele gepflegt worden zu sein. Aus Basel jedenfalls erfahren wir aus dem Jahr 1416:

> „Viele vergnügen sich am Spiel mit der Kugel, und zwar nicht nach italienischer Art: Sie stecken in die Bahn einen eisernen Bogen, und dann sucht jeder seine Kugel durch dessen Rund zu bringen; sie schlagen sie mit einem Holz und werfen sie nicht mit der Hand."

Anders als in Italien üblich, so bemerkt Poggio Bracciolini, spielte man bisweilen miteinander Fangball:

> „Männer und Frauen werfen sich, jeder der Person, die er am liebsten hat, einen Ball voller Schellen zu. Alles läuft, um ihn zu haschen. Wer ihn fängt, der hat gewonnen und wirft ihn wieder der Geliebten zu."

Humanisten wie Poggio mögen diesem Freizeitsport über den reinen Lustgewinn hinaus sogar einen Bildungsaspekt abgewonnen haben. Nur wenige Jahre zuvor war der Traktat des antiken Arztes Galen über *Die Übung mit dem kleinen Ball* der lateinischsprachigen Gelehrtenwelt zugänglich gemacht worden. Darin wird das Spiel mit dem Ball als die geeignetste Form der physischen und psychischen Gesundheitspflege gepriesen und zudem als spezielles Training für ambitionierte Politiker empfohlen. Die Konzilsgäste konnten vom Konstanzer Freizeitangebot ohne Zweifel in mehrfacher Hinsicht profitieren.

Badespaß und Sinneslust

Die hochgelehrten Professoren der theologischen Fakultät von Paris waren sich sicher, dass ein ernsthaftes Studium ohne eine Spur scherzhaften Vergnügens ein verderbliches Unterfangen sein müsse: „Weil die Weinfässer platzen würden, wenn man nicht gelegentlich das Spundloch öffnete, um ein wenig Luft abzulassen, treiben wir etliche Tage lang Possen, damit wir hernach mit desto größerem Eifer zum Gottesdienst zurückkehren können", so ließen sie 1444 zur Verteidigung ihres ausschweifenden Narrenfestes verlautbaren. Eine solche Ansicht konnte sich im scholastischen Bildungskanon des Spätmittelalters durchaus auf angesehene Autoritäten berufen. Aristoteles, der verehrte Fürst der Philosophen, hatte das Lachen als lebensnotwendigen Teil der menschlichen Natur tituliert, der Kirchenlehrer Thomas von Aquin es als „Mittel gegen die Müdigkeit der Seele" gepriesen.

Die Tage des Konzils waren demnach nicht allein mit trockenen theologischen Disputen angefüllt. Zweifellos gab es einzelne Teilnehmer der Tagung, die einer Vermischung von feierlichem Offizium und weltlichem Festgetöse strikt ablehnend gegenüberstanden. Eine Gruppe französischer Geistlicher aus dem Umkreis des Kardinals Pierre d'Ailly hatte bereits Monate vor Konzilsbeginn ein Memorandum verfasst, das dezidiert die Abschaffung überzähliger Feiertage forderte: „Bieten sie nicht schlimmen Anlass zur Sünde durch Müßiggang; denn die jungen Leute tun dann nichts anderes als sich in Ausschweifungen zu ergehen, in Wirtshäusern und Freudenhäusern aufzuhalten oder anderes Verbotene zu treiben?" Doch auch viele geistliche Herren nutzten die freie Zeit zwischen den Sessionen zu ausgiebigen Spaziergängen, um sich in den Weinschenken und Gärten des Konstanzer Umlandes zu verlustieren: „Dort fand man Brathühner, Fleisch, Würste, Braten, Fisch und was immer einer begehrte – und hübsche Frauen", so erzählt Ulrich Richental.

Ein üppiges Panorama der Lustbarkeiten entwirft der päpstliche Sekretär Poggio Bracciolini in einem Brief an seinen Freund Niccolò Niccolì in Florenz. Es führt den Leser hinaus aus der Hektik und Enge des Konzilsbetriebs, den Rhein hinab an einen paradiesischen Sehnsuchtsort: die warmen Schwefelbäder des Städtchens Baden im Aargau. Poggios Schreiben ist ein wahres Meisterwerk der spätmittelalterlichen Briefliteratur, das mit beredter Detailfreude den Adressaten Anteil an dem Erlebten nehmen lässt: „Ich möchte, dass der ganze Brief voller Fröhlichkeit sei, damit auch du in der Ferne von dem Genuss, den ich zur Zeit hier in den Bädern habe, ein Quäntchen abbekommst", so lässt er den Freund wissen.

In seiner Schilderung des nordalpinen Badebetriebs brach der italienische Humanist bewusst mit seinem sonst so düsteren Bild deutscher Barbarei. Zwar mokiert er sich über die Einfalt der einheimischen Badegäste, die bar jeder Bildung dem Fremden mit heiterer Sorglosigkeit begegnen. Demgegenüber rügt er jedoch die kulturellen Schattenseiten mediterraner Zivilisation, namentlich die Eifersucht, Geldgier und Heuchlerei. Wie anders gebärdeten sich die deutschen Badegäste, deren fehlendes Schamempfinden keineswegs frivol, sondern vielmehr auf entzückende Weise anmutig erscheine: „Die Leute hier leben in den Tag hinein und geben sich mit wenig zufrieden." Fast möge man ob dieser idyllischen Unbeschwertheit meinen, „Venus sei von Zypern zu diesen Bädern umgezogen".

Zunächst besuchte Poggio eines der beiden öffentlichen Badehäuser für das einfache Volk, wo er Männer und Frauen nur durch einen großteils unwirksamen Sichtschutz voneinander getrennt fand. Auch in den Privatbädern der Vornehmen herrschte ein freizügiger Umgang der Geschlechter: In die hölzernen Trennwände seien zahlreiche Fenster eingelassen und auf umlaufenden Galerien stehend erhasche der männliche Gast einen guten Blick auf das grazile Spiel halbnackter Schönheiten. Diese trügen zwar dünne Badehemdchen, doch seien diese Gewänder so geschnitten, „dass sie weder Hals noch Brust, weder Unter- noch Oberarme bedecken". Zwar schlug der Gelehrte selbst eine Einladung ins intime Wannenbad aus und begnügte sich mit der Rolle des Zuschauers. Von seinem erhöhten Beobachtungsposten verfolgte er aber mit großem Eifer das kokette Zusammenspiel von Besuchern und Bademädchen:

> „Dann werden ihnen kleine Münzen zugeworfen und zwar besonders den Schöneren, die sie teils mit den Händen fangen, teils mit ihren ausgebreiteten Leinengewändern, wobei die eine die andere beiseite drängt; bei diesem Spiel werden auch manchmal die geheimeren Körperteile entblößt."

Der Spanier Pero Tafur, der eine Generation später den selben Ort aufsuchte, weiß in weniger geschliffener Ausdruckweise ähnliches zu berichten:

> „Ich unterhielt mich oft damit, den Mägden Silbermünzen in das Bad zu werfen, und sie mussten untertauchen, um sie mit dem Munde aus dem Grund des Wassers heraufzuholen; man kann sich denken, was sie in die Höhe streckten, wenn sie den Kopf unten hatten."

So anregend sich diese Berichte auch lesen, so sehr waren sie doch darum bemüht, dem Leser etwas von dem exotischen Reiz des Fremden zu vermitteln. Dies schloss erotische Phantasien mit ein, die wenig mit den rigiden Regularien der städtischen Badehäuser Mitteleuropas gemein hatten. Dort wurde bereits der indiskrete Blick in die abgetrennte Badestube des anderen Geschlechts mit hohen Geldbußen belegt. Doch Poggios sinnliche Gespielinnen planschten nicht in einem städtischen Betrieb, sein Besuch galt einem auf grüner Wiese außerhalb der Mauern errichteten Etablissement. Gut möglich also, dass seine Beschreibung in Wahrheit einem jener Badebordelle galt, die sich damals einer gewissen Beliebtheit erfreuten. Einige Generationen später jedenfalls war der Ort als Umschlagplatz sexueller Dienstleistungen weidlich berühmt und berüchtigt. Den italienischen Humanisten focht dies indes wenig an: Er wollte seinen Landsleuten in erster Linie einen Spiegel unbefangen-sinnlicher Lebensfreude vorhalten. Wäre allein sexuelles Amüsement der Anlass zu seiner Lustreise gewesen, er hätte wohl ebenso gut in Konstanz bleiben können.

„Seid willkommen, Herr Kurtisan"

Kein Kapitel des Konzilsalltags hat Zeitgenossen und Nachgeborene mehr in Erstaunen versetzt als der schier unermessliche Zustrom käuflicher Frauen nach Konstanz. Was im Zeitalter der Reformation als Symptom eines grassierenden Sittenverfalls des römisch-katholischen Klerus gegeißelt wurde, hat in den Tagen der Kirchenversammlung wohl eher Neugierde und Sensationslust denn moralische Entrüstung hervorgerufen. Mit routinierter Nüchternheit setzt der Chronist Ulrich Richental in seiner Liste der Konzilsteilnehmer die über 700 registrierten Dirnen gänzlich unbekümmert zwischen die Gruppe der 1700 Unterhaltungskünstler und die 24 Sekretäre der päpstlichen Kurie. Mit wenig Schamgefühl sang auch der Junggeselle Oswald von Wolkenstein von seinen Bordellerlebnissen in der Bodenseestadt, wo sein Bart *von freulin rain* arg zerrupft wurde. Ohne Zweifel wäre es aber verfehlt, das Phänomen der Prostitution mit einem Augenzwinkern allein als scheinbar allzu menschlich-heitere Seite der Kirchenversammlung abzutun, die sich wohltuend vom intellektuellen Dauergeplänkel der Konzilssessionen abhebt. Das individuelle Schicksal der betroffenen Frauen verbietet solch eine romantisierende Sichtweise kategorisch.

Nicht Geldgier oder Lustgewinn ebneten den Weg ins einschlägige Gewerbe. Die Mehrzahl der Dirnen wurde von schierer wirtschaftlicher Not getrieben, die sich deutlich in ihren prekären Wohnverhältnissen widerspiegelt.

Als Ulrich Richental im Auftrag des Reichsmarschalls Rudolf von Sachsen durch die Straßen der Konzilsstadt ritt, um die „öffentlichen Frauen“ zu zählen, fand er etliche in den Ställen hausend oder in umgestürzten Weinfässern wohnend vor. Die heimlichen, in den eigenen Wohnstätten praktizierenden Prostituierten aus den Reihen der Bürgerschaft zu registrieren, weigerte er sich kategorisch. Nicht nur, so gab er zu verstehen, würde er womöglich Dinge finden, die besser nicht ans Licht gelangen sollten. Er müsse auch um sein eigenes Leben fürchten, denn der Vorwurf der Hurerei galt in der Stadtgesellschaft ohne Zweifel als massive Ehrverletzung.

Weder um Ansehen noch um Einkommen der Konstanzer Dirnen war es demnach besonders gut bestellt: „Wenn sie des Abends auf der Gasse laufen, / so schreien die Knaben: ‚Ein’ Maus, ein’ Maus! / Will sie jemand kaufen?‘“, so höhnte der königliche Rat Eberhard von Windecke. Die Ankunft der internationalen Konzilsgäste in Konstanz hätte mithin die Gewinnaussichten verbessert, viele schlichte schwäbische Gemüter seien vom Glanz des Geldes zur Sünde verführt worden: „Seid willkommen, Herr Kurtisan. / Wollt ihr mir einen Gulden geben, / so will ich mit euch schlafen gehen“, so zitiert er das Angebot an einen fiktiven Freier. Gefordert wird hier freilich ein recht stolzer Liebeslohn. Das später umlaufende Gerücht, dass eine der leichten Damen sich in den Konzilsjahren die enorme Summe von 800 Gulden erarbeitet habe, besagt indes wenig über die Verdienstmöglichkeiten der einfachen Dirnen. Ein Bordellbesuch schlug im spätmittelalterlichen Konstanz zu gewöhnlichen Zeiten mit lediglich sechs Pfennigen zu Buche, Reichtümer waren auf diese Weise nicht zu erwerben.

Bemerkenswert ist jedoch der Bericht derselben anonymen Quelle, wonach ein Bürger seine Ehefrau für 500 Dukaten an den königlichen Kanzler verschachert und von dem Verdienst ein Haus erworben habe. Fälle von Frauenhandel sind aus den Konzilstagen durchaus belegt: So wurde im Februar 1415 ein Mann zum Tod durch Ertränken verurteilt, weil er ein minderjähriges Mädchen, „das noch ein törichtes Kind war und ohne Brüste“, einem anderen zu sexuellem Verkehr angeboten habe. Solch großer Schmerz sei diesem Kind dadurch bereitet worden, dass dem Stadtschreiber nach eigenem Bekunden die Feder versagte. Der Umstand, dass ein ähnlicher Fall auch vom Basler Konzil überliefert ist, lässt auf einen gewissen Markt für Kinderprostitution schließen.

Neben den allenfalls stillschweigend geduldeten Formen der Straßen- und Winkelprostitution kannte die Stadt Konstanz freilich auch „Frauenhäuser“ unter kommunaler Aufsicht. Das Spätmittelalter war aus ordnungspolitischen Erwägungen vielfach bereit, den sexuellen Begierden der männlichen Bevölkerung innerhalb gewisser Grenzen ein Ventil zu bieten. Hatte nicht der Kirchenvater Augustinus gewarnt: „Entferne die Dirnen aus den menschlichen Dingen und du wirst alles durch Lust erschüttern“? Den in den städtischen Unterkünften lebenden und arbeitenden Dirnen gewährte man unter Aufsicht eines städtisch bestallten Frauenwirts einen gewissen Schutz vor Übergriffen der Freier. Ein frivoler Schwank des 15. Jahrhunderts lässt durch die weinseligen Augen eines Nachtschwärmers einen Blick in das Etablissement „Zu Costentz am Ziegelgraben“ erhaschen: „Durch ein Fenster blickt ich – schau: / eine schöne Schmollefrau / saß geputzt für Männerlüste, / seidnes Tuch deckt ihre Brüste.“ Die pragmatische Duldung der Bordelle konnte zumindest gelegentlich in echte Begeisterung umschlagen, und so wundert es wenig, wenn selbst König Sigismund im Jahr 1414 die „Ehren und Herrlichkeiten“ eines Frauenhauses in hohen Tönen zu preisen wusste.

Dennoch: Eine ebenso anmutige wie mächtige Hure vom Zuschnitt einer „Imperia“, „sowohl für ihre unübertroffene Schönheit, als für ihre Kunst bekannt, gleichermaßen Kardinäle, Leuteschinder und raue Krieger zu knechten“, hätte man im Konstanz der Konzilsjahre wohl vergeblich gesucht. Die nach einer Novelle des Honoré de Balzac gestaltete Statue im Hafen der heutigen Stadt stellt keine historische Persönlichkeit dar. Dennoch mag sie zu Recht daran erinnern, dass es nicht König und Papst allein waren, die der Kirchenversammlung ihr unvergleichliches Gepräge gaben. Sie steht stellvertretend für all diejenigen Menschen, die über alle Unterschiede von Herkunft, Stand und Geschlecht hinweg durch ihr Zusammenwirken dem konziliaren Einigungswerk am Ende zum Erfolg verhalfen. Die Skulpur der schönen „Imperia“ sollte zugleich als Mahnung dienen, in Streit und Spaltung niemals die offenkundigen Gemeinsamkeiten aus den Augen zu verlieren. Denn wie dichtete der welterfahrene Minnesänger Oswald von Wolkenstein: „Ein Schisma zwischen Mann und Weib – viel leichter hätten wir's beendet!“

Sitzung des Konzils im Konstanzer Münster;
in der Mitte thront der Papst, zu beiden Seiten
je ein Kardinal, daneben drei Bischöfe.

Sizung

Literatur

Häufig verwendete Quellen

Acta concilii Constanciensis, hrsg. von Heinrich Finke, 1: Akten zur Vorgeschichte des Konstanzer Konzils (1410–1414), 1896; 2 (hrsg. in Verbindung mit J. Hollensteiner), Konzilstagebücher, Sermones, Reform- und Verfassungsakten; 3 (hrsg. in Verbindung mit J. Hollensteiner und H. Heimpel), Die drei Päpste und das Konzil., Schriften zur Papstwahl, 1926; 4 (hrsg. in Verbindung mit J. Hollensteiner und H. Heimpel), 1928.

Chronik des Konstanzer Konzils 1414–1418 von Ulrich Richental, hrsg. von Thomas Martin Buck, Ostfildern 2010.

Otto Feger, Vom Richtebrief zum Roten Buch (Konstanzer Geschichts- und Rechtsquellen 7), Konstanz 1955.

Die „Konstanzer Chronik“ Gebhart Dachers: „By des Bischoffs volgiengen disz nachgeschriben ding vnd sachen ...“ Codex Sangalensis 646: Edition und Kommentar, hrsg. von Sandra Wolff (Konstanzer Geschichts- und Rechtsquellen 40), Ostfildern 2008.

Philipp Ruppert, Die Chroniken der Stadt Konstanz, Konstanz 1891.

Quellen zum Investiturstreit. Erster Teil: Ausgewählte Briefe Papst Gregors VII., hrsg. von Franz-Josef Schmale (Ausgewählte Quellen zur deutschen Geschichte des Mittelalters – Freiherr vom Stein-Gedächtnisausgabe XIIa), Darmstadt 1978.

Quellen zur Kirchenreform im Zeitalter der großen Konzilien des 15. Jahrhunderts. Tl. 1: Die Konzilien von Pisa (1409) und Konstanz (1414-1418), hrsg. von Miethke, Jürgen/Weinrich, Lorenz (Ausgewählte Quellen zur deutschen Geschichte des Mittelalters – Freiherr vom Stein-Gedächtnisausgabe XXXVIIIa), Darmstadt 1995.

Quellen zur Reichsreform im Spätmittelalter, hrsg. von Lorenz Weinrich (Ausgewählte Quellen zur deutschen Geschichte des Mittelalters – Freiherr vom Stein-Gedächtnisausgabe XXXIX), Darmstadt 2001.

Die Steuerbücher der Stadt Konstanz, Bd. 1: 1418–1460 (Konstanzer Geschichts- und Rechtsquellen 9), Konstanz 1958.

Ein Konzil – Was ist das?

Horst Fuhrmann, Die Päpste. Von Petrus zu Johannes Paul II., München 1998.

Dieter Girgensohn, Von der konziliaren Theorie des späteren Mittelalters zur Praxis: Pisa 1409, in: Die Konzilien von Pisa (1409), Konstanz (1414–1418) und Basel (1431–1449). Institutionen und Personen, hrsg. von Heribert Müller (Vorträge und Forschungen 57), Ostfildern 2007, S. 61–94.

Helmut G. Walther, Konziliarismus als politische Theorie? Konzilsvorstellungen im 15. Jahrhundert zwischen Notlösungen und Kirchenmodellen, in: Die Konzilien von Pisa (1409), Konstanz (1414–1418) und Basel (1431–1449). Institutionen und Personen, hrsg. von Heribert Müller (Vorträge und Forschungen 57), Ostfildern 2007, S. 31–60.

I. Der politische und kirchliche Rahmen

Fülle, Vielfalt und Buntheit – Die Zeit, in der das Konzil stattfand

Ulf Dirlmeier, Gerhard Fouquet, Bernd Fuhrmann, Europa im Spätmittelalter 1215–1378 (Oldenbourg Grundriss der Geschichte), München 2003

Hermann Heimpel, Das deutsche fünfzehnte Jahrhundert in Krise und Beharrung, in: Die Welt zur Zeit des Konstanzer Konzils. Reichenau-Vorträge im Herbst 1964 (Vorträge und Forschungen 9), Konstanz und Stuttgart 1965, S. 9–29.

Horst Fuhrmann, Die Päpste. Von Petrus zu Johannes Paul II., München 1998.

Sönke Lorenz, Zwischen Spaltung und Reform: Die spätmittelalterliche Kirche am Oberrhein, in: Spätmittelalter am Oberrhein. Alltag, Handwerk und Handel 1350–1525, Aufsatzband, hrsg. von Sönke Lorenz und Thomas Zotz im Auftrag des Badischen Landesmuseums Karlsruhe, Stuttgart 2001.

Erich Meuthen, Das 15. Jahrhundert (Oldenbourg Grundriss der Geschichte 9), 4. Aufl., überarbeitet von Claudia Märtl, München 2006

Peter Moraw, Von offener Verfassung zu gestalteter Verdichtung. 1250–1490 (Propyläen Geschichte Deutschlands 3), Frankfurt a. M. / Berlin 1985.

Heribert Müller, Die kirchliche Krise des Spätmittelalters (Enzyklopädie deutscher Geschichte 90), München 2012.

Malte Prietzel, Das Heilige Römische Reich im Spätmittelalter (Geschichte Kompakt), Darmstadt 2004.

Ernst Schubert, Einführung in die Deutsche Geschichte im Spätmittelalter (Die Geschichtswissenschaft), 2. Aufl. Darmstadt 1998.

Heinz Thomas, Deutsche Geschichte des Spätmittelalters 1250–1500, Stuttgart / Berlin / Köln / Mainz 1983.

Stefan Weinfurter, Canossa. Die Entzauberung der Welt, München 2006.

Der neue Plan – Ein Konzil in Konstanz

Arnold Esch, Spätmittelalterlicher Passverkehr im Alpenraum. Typologie der Quellen, in: Alltag der Entscheidung. Beiträge zur Geschichte der Schweiz an der Wende vom Mittelalter zur Neuzeit, Bern / Stuttgart / Wien 1998, S. 173–248.

Stephen Greenblatt, Die Wende. Wie die Renaissance begann, aus dem Englischen von Klaus Binder, München 2011.

Johannes Helmrath, Locus concilii. Die Ortswahl für Generalkonzilien vom IV. Lateranum bis Trient (Mit einem Votum des Johannes von Segovia), in: Annuarium historiae conciliorum, 27/28 (1995/96), S. 593–662.

Johannes Grohe, Spanien und die großen Konzilien von Konstanz und Basel, in: „Das kommt mir spanisch vor". Eigenes und Fremdes in den deutsch-spanischen Beziehungen des späten Mittelalters, hrsg. von Klaus Herbers und Nikolas Jaspert, Münster 2004, S. 493–510.

Thomas Rathmann, Beobachtung ohne Beobachter? Der schwierige Umgang mit dem historischen Ereignis am Beispiel des Konstanzer Konzils, in: Die Konzilien von Pisa (1409), Konstanz (1414–1418) und Basel (1431–1449). Institutionen und Personen, hrsg. von Heribert Müller (Vorträge und Forschungen 57), Ostfildern 2007, S. 95–106.

Nur noch ein Pontifex – Die Wiederherstellung des Papsttums

Arno Borst, Lebensformen im Mittelalter, Frankfurt a. M. / Berlin 1973, S. 323–331.

Walter Brandmüller, Das Konzil von Konstanz, 2 Bde., Paderborn 1991–1997.

Ansgar Frenken, Die Erforschung des Konstanzer Konzils (1414–1418) in den letzten 100 Jahren, Paderborn 1996.

Hubert Jedin, Kleine Konziliengeschichte, 5. Aufl. der Neuausgabe, Freiburg im Breisgau 1978.

Hermann Heimpel, Die Vener von Gmünd und Straßburg (1162–1447). Versuch einer Familiengeschichte aus Wiener Handschriften (Anzeiger der Österreichischen Akademie der Wissenschaften 115), Wien 1978.

Hermann Heimpel, Die Vener von Gmünd und Straßburg 1162–1447. Studien und Texte zur Geschichte einer Familie sowie des gelehrten Beamtentums in der Zeit der Kirchenspaltung und der Konzilien von Pisa, Konstanz und Basel (Veröffentlichungen des Max-Planck-Instituts für Geschichte in Göttingen 52), 3 Bde., Göttingen 1982.

Johannes Helmrath, Kommunikation auf den spätmittelalterlichen Konzilien, in: Die Bedeutung der Kommunikation für Wirtschaft und Gesellschaft, hrsg. von Hans Pohl (Vierteljahrschrift für Sozial- und Wirtschaftsgeschichte. Beihefte 87), Stuttgart 1989, S. 116–172.

Dieter Kühn, Ich Wolkenstein. Eine Biographie, erw. Neufassung, Frankfurt a. M. 2012.

Die Fragen des Glaubens – Die Fragen der Politik

Hartmut Boockmann, Johannes Falkenberg, der Deutsche Orden und die polnische Politik (Veröffentlichungen des Max-Planck-Instituts für Geschichte 45), Göttingen 1975.

Hartmut Boockmann, Der Deutsche Orden. 12 Kapitel aus seiner Geschichte, München 1981.

Hartmut Boockmann, Zur Mentalität spätmittelalterlicher gelehrter Räte, in: Historische Zeitschrift 233 (1981), S. 295–316; wieder in: Ders., Wege ins Mittelalter, Historische Aufsätze, hrsg. von Dieter Neitzert, Uwe Israel und Ernst Schubert, München 2000, S. 1–16.

Joachim Ehlers, Ludwig von Orléans und Johann von Burgund (1407/1419), in: Das Attentat in der Geschichte, hrsg. von Alexander Demandt, Köln 1996, S. 124–141.

Ansgar Frenken, Gelehrte auf dem Konzil. Fallstudien zur Bedeutung und Wirksamkeit der Universitätsangehörigen auf dem Konstanzer Konzil, in: Die Konzilien von Pisa (1409), Konstanz (1414–1418) und Basel (1431–1449). Institutionen und Personen, hrsg. von Heribert Müller (Vorträge und Forschungen 57), Ostfildern 2007, S. 107–148.

Hermann Heimpel, Die Vener von Gmünd und Straßburg (1162–1447). Versuch einer Familiengeschichte aus Wiener Handschriften (Anzeiger der Österreichischen Akademie der Wissenschaften 115), Wien 1978.

Hermann Heimpel, Die Vener von Gmünd und Straßburg 1162–1447. Studien und Texte zur Geschichte einer Familie sowie des gelehrten Beamtentums in der Zeit der Kirchenspaltung und der Konzilien von Pisa, Konstanz und Basel (VMPIG 52), 3 Bde., Göttingen 1982.

Hermann Heimpel, Königlicher Weihnachtsdienst im späteren Mittelalter, in: Deutsches Archiv für Erforschung des Mittelalters 39 (1983), S. 130–206.

Johannes Helmrath, „Geistlich und werntlich“. Zur Beziehung von Konzilien und Reichsversammlungen im 15. Jahrhundert, in: Deutscher Königshof, Hoftag und Reichstag im späteren Mittelalter, hrsg. v. Peter Moraw (Vorträge und Forschungen 48), Stuttgart 2002, S. 477–517.

Hubert Jedin, Kleine Konziliengeschichte, 5. Aufl. der Neuausgabe, Freiburg im Breisgau 1978.

Karl-Friedrich Krieger, König, Reich und Reichsreform im Spätmittelalter (Enzyklopädie deutscher Geschichte 14), 2., durchgesehene Aufl. München 2005.

Claudia Märtl, Der Reformgedanke in den Reformschriften des 15. Jahrhunderts, in: Reform in Kirche und Reich zur Zeit der Konzilien von Konstanz (1414–1418) und Basel (1431–1449), Konstanz-Prager Historisches Kolloquium (11.– 17. Oktober 1993), hrsg. von Ivan Hlavaček und Alexander Patschovsky (1996), S. 91–108.

Alexander Patschovsky, Der Reformbegriff zur Zeit der Konzilien von Konstanz und Basel, in: Reform von Kirche und Reich zur Zeit der Konzilien von Konstanz (1414–1418) und Basel (1431–1449), Konstanz-Prager Historisches Kolloquium, hrsg. von Ivan Hlavčaek und Alexander Patschovsky, Konstanz 1996, S. 7–28.

Jonathan Riley-Smith (Hrsg.), Großer Bildatlas der Kreuzzüge. Sechs Jahrhunderte abendländischer Kultur- und Glaubensgeschichte, Übersetzung aus dem Englischen von Michaela Diers, Freiburg im Breisgau 1992, S. 130–131.

Ferdinand Seibt, Hussitenstudien. Personen, Ereignisse, Ideen einer frühen Revolution (Veröffentlichungen des Collegium Carolinum 60), 2. Aufl. München 1991.

Ferdinand Seibt, Nicht überführt und Nicht geständig. Der Hus-Prozess in Konstanz (1415), in: Große Prozesse. Recht und Gerechtigkeit in der Geschichte, hrsg. von Uwe Schultz, München 1996, S. 88–102.

František Šmahel, Die Hussitische Revolution, übersetzt von Alexander Patschovsky, 3 Bde. (MGH-Schriften 43/I–III), Hannover 2002.

Birgit Studt, Papst Martin V. (1417–1431) und die Kirchenreform in Deutschland (J. F. Böhmer, Beihefte Regesta Imperii; Forschungen zur Kaiser- und Papstgeschichte des Mittelalters 23), Köln 2004.

II. Konstanz zur Zeit des Konzils

Eine Stadt stellt sich vor – Wo das Konzil tagt

Klaus D. Bechtold, Zunftbürgerschaft und Patriziat (Konstanzer Geschichts- und Rechtsquellen 26), Sigmaringen 1981.

Konrad Beyerle, Grundeigentumsverhältnisse und Bürgerrecht im mittelalterlichen Konstanz. Eine rechts- und verfassungsgeschichtliche Studie, 2 Bde., Heidelberg 1900.

Otto Feger, Kleine Geschichte der Stadt Konstanz, Konstanz 1957.
Helmut Maurer, Konstanz im Mittelalter, 2 Bde., Konstanz 1989.
Frank Meier, Konstanzer Stadterweiterungen im Mittelalter. Grundstückbezogene Untersuchungen zur Erschließungsgeschichte und Sozialtopographie einzelner Quartiere, Konstanz 1990.
Paul Motz, Konstanzer Bürgerhäuser des Mittelalters, in: Schriften des Vereins für Geschichte des Bodensees 69 (1949/50), S. 175–189.
Ralph Röber, Vorstadt und Gewerbe. Das Fallbeispiel Konstanz-Stadelhofen. In: Itinera archaeologica. Vom Neolithikum bis in die Frühe Neuzeit. Festschrift für Torsten Capelle zum 65. Geburtstag, hrsg. v. Heidemarie Eilbracht (= Internationale Archäologie. Studia honoraria 22), Rhaden/Westf. 2005, S. 231–243.
Spätmittelalter am Oberrhein. Alltag, Handwerk und Handel 1350–1525, hrsg. von Sönke Lorenz/Thomas Zotz (Aufsatzband zur Großen Landesausstellung Baden-Württemberg in Karlsruhe), Stuttgart 2001.
Stadtluft, Hirsebrei und Bettelmönch: die Stadt um 1300. Katalog zur Ausstellung Stadtluft, Hirsebrei und Bettelmönch – die Stadt um 1300, eine gemeinsame Ausstellung des Landes Baden-Württemberg und der Stadt Zürich, hrsg. vom Landesdenkmalamt Baden-Württemberg und der Stadt Zürich, Stuttgart 1992.

Die Menschen in den Mauern – Panorama einer Stadtgesellschaft

Andreas Bihrer, Der erste Bürgerkampf. Zur Verfassungs- und Sozialgeschichte der Stadt Konstanz in der Mitte des 14. Jahrhunderts, in: Zeitschrift für die Geschichte des Oberrheins, 153 (2005), S. 181–220
Paul Baur, Testament und Bürgschaft (Konstanzer Geschichts- und Rechtsquellen 31), Sigmaringen 1989
Hartmut Eisenmann, Konstanzer Institutionen des Familien- und Erbrechts von 1370 bis 1521 (Konstanzer Geschichts- und Rechtsquellen 16), Konstanz 1964.
Barbara Frenz, Gleichheitsdenken in deutschen Städten des 12. bis 15. Jahrhunderts. Geistesgeschichte, Quellensprache, Gesellschaftsfunktion, Köln/Weimar/Wien 2000.
Christoph Heiermann, Die Gesellschaft „Zur Katz“ in Konstanz (Konstanzer Geschichts- und Rechtsquellen 37), Stuttgart 1999.
Edgar Höfler, Der Rat und seine Bürger. Alltag und Recht im ersten Ratsbuch der Stadt Konstanz (1376–1391), Diss. Konstanz 1990.
Friedrich Horsch, Die Konstanzer Zünfte in der Zeit der Zunftbewegung bis 1430 (Konstanzer Geschichts- und Rechtsquellen 23), Sigmaringen 1979.
Edi Joos, Die Unruhen der Stadt Konstanz 1300–1450, in: Zeitschrift für die Geschichte des Oberrheins 116 (1968), S. 31–58.

Eckart Conrad Lutz, Spiritualis Fornicatio. Heinrich Wittenwiler, seine Welt und sein „Ring“, (Konstanzer Geschichts- und Rechtsquellen. N. F. 32), Sigmaringen 1990.

Andreas Meyer, Die Große Ravensburger Handelsgesellschaft in der Region. Von der Bodenseehanse zur Familiengesellschaft der Humpis, in: Kommunikation und Region, hrsg. von Carl A. Hoffmann/Rolf Kiessling, Konstanz 2001, S. 249–304.

Peter Schuster, Eine Stadt vor Gericht. Recht und Alltag im spätmittelalterlichen Konstanz, Paderborn 2000.

Gerd Schwerhoff, Zungen wie Schwerter. Blasphemie in alteuropäischen Gesellschaften 1200–1650 (Konflikte und Kultur – Historische Perspektiven Bd. 12), Konstanz 2005.

Die Welt zu Gast – Zu Gast in der Welt

Otto Feger, Das Konstanzer Konzil und die Stadt Konstanz, in: Das Konzil von Konstanz. Beiträge zu seiner Geschichte und Theologie. Festschrift August Franzen, hrsg. von Wolfgang Müller, Freiburg 1964, S. 310–333.

Heinrich Finke, Das badische Land und das Konstanzer Konzil, in: Festgabe der Badischen Historischen Kommission zum 9. Juli 1917, Karlsruhe 1917, S. 19–70.

Ansgar Frenken, Wohnraumbewirtschaftung und Versorgungsdeckung beim Konstanzer Konzil (1414–1418): Zur logistischen Bewältigung eines Großereignisses im Spätmittelalter, in: Zeitschrift für die Geschichte des Oberrheins 156 (2008), S. 109–146.

Johannes Helmrath, Kommunikation auf den spätmittelalterlichen Konzilien, in: Die Bedeutung der Kommunikation für Wirtschaft und Gesellschaft, hrsg. von Hans Pohl (Vierteljahrschrift für Sozial- und Wirtschaftsgeschichte. Beihefte 87), Stuttgart 1989, S. 116–172.

Dieter Kühn, Ich Wolkenstein. Eine Biographie. Erweiterte Neufassung, Frankfurt a. M. 2012.

Alexander Patschovsky, Der italienische Humanismus auf dem Konstanzer Konzil (1414–1418) (Konstanzer Universitätsreden 198), Konstanz 1999.

Klaus Voigt, Italienische Berichte aus dem spätmittelalterlichen Deutschland. Von Francesco Petrarca zu Andrea de' Franceschi (1333–1492) (Kieler Historische Studien 17), Stuttgart 1973.

Manfred Schuler, Die Musik in Konstanz während des Konzils 1414–1418, in: Acta musicologica 38 (1966), S. 150–168.

Handel und Wandel – Das Konzil als Konjunkturmotor

Ulf Dirlmeier, Untersuchungen zu Einkommensverhältnissen und Lebenshaltungskosten in oberdeutschen Städten des Spätmittelalters (Mitte 14. bis Anfang 16. Jahrhundert) (Abhandlungen der Heidelberger Akademie der Wissenschaften. Philosophisch-historische Klasse 1978,1), Heidelberg 1978.

Bernd Fuhrmann, Konrad von Weinsberg. Ein adliger Oikos zwischen Territorium und Reich. (Vierteljahrschrift für Sozial- und Wirtschaftsgeschichte. Beihefte, 171), Stuttgart 2004.

Barbara Frenz, Ulrich Imholz, die Leinenweber und der Rat von Konstanz. Ein Beitrag zur Neubewertung des alteuropäischen Nahrungsdenkens, in: Zeitschrift für die Geschichte des Oberrheins 148 (2000), S. 41–66.

Bernhard Kirchgässner, Das Steuerwesen der Reichsstadt Konstanz 1418–1460 (Konstanzer Geschichts- und Rechtsquellen 10), Konstanz 1960.

Jürgen Klöckler/Ralph Röber, Zur Entwicklung des Konstanzer Marktwesens im Mittelalter, in: Zeitschrift für Archäologie des Mittelalters 34 (2006), S. 249–272.

Aloys Schulte, Geschichte der großen Ravensburger Handelsgesellschaft, 3 Bde. (Deutsche Handelsakten des Mittelalters und der Neuzeit 1–3), Stuttgart 1923.

Augenschmaus und Sinnesfreuden – Ein freudenreicher Ort

Walter Endrei, Spiele und Unterhaltung im alten Europa, Budapest 1986.

Johannes Grabmayer, Europa im späten Mittelalter 1250–1500. Eine Kultur- und Mentalitätsgeschichte (Kultur und Mentalität), Darmstadt 2004.

Gisela Reineking von Bock (Hrsg.), Bäder, Duft und Seife. Kulturgeschichte der Hygiene, Köln 1976.

Ralph Röber, Luxus im spätmittelalterlichen Konstanz: Die Aussage archäologischer, schriftlicher und baulicher Quellen, in: Lübecker Kolloquium zur Stadtarchäologie im Hanseraum VI. Luxus und Lifestyle, hrsg. von Manfred Gläser, Lübeck 2008, S. 419–436.

Beate Schuster, Die freien Frauen. Dirnen und Frauenhäuser im 15. und 16. Jahrhundert, Frankfurt a. M. 1995.

Peter Schuster, Das Frauenhaus. Städtische Bordelle in Deutschland (1350–1600), Paderborn 1992.

Georges Vigarello, Wasser und Seife, Puder und Parfüm: Geschichte der Körperhygiene seit dem Mittelalter, Frankfurt a. M. 1992.

Bildnachweis

Alle Abbildungen sind Illustrationen aus: Ulrich von Richental, Chronik des Konzils zu Konstanz, 15. Jh. (Rosgartenmuseum Konstanz) S. 2: akg-images; S. 6: bpk (Faksimile); S. 11: akg-images; S. 31: bpk (Faksimile); S. 87: akg-images; S. 89: akg-images; S. 172: bpk (Faksimile)

Die Autoren

Jan Keupp, Prof. Dr., lehrt mittelalterliche Geschichte an der Westfälischen Wilhelms-Universität Münster. Bei Primus ist von ihm bereits erschienen: *Mode im Mittelalter* (2011)

Jörg Schwarz, PD Dr., lehrt mittelalterliche Geschichte an der LMU München. Bei Primus ist von ihm bereits erschienen: *Stadtluft macht frei. Leben in der mittelalterlichen Stadt* (2008)

Die Deutsche Nationalbibliothek verzeichnet diese Publikation in der Deutschen Nationalbibliografie; detaillierte bibliografische Daten sind im Internet über http://dnb.dnb.de abrufbar.

Die Herausgabe des Werkes wurde durch die Vereinsmitglieder der WBG ermöglicht.
Gedruckt auf säurefreiem und alterungsbeständigem Papier
Redaktion: Sabine Buttinger, München
Einbandgestaltung: Jutta Schneider, Frankfurt a. M.
Einbandabbildung: akg-images
Gestaltung und Satz: Anja Harms, Oberursel
Printed in Germany
www.primusverlag.de
ISBN 978-3-86312-038-2

Lizenzausgabe für die WBG (Wissenschaftliche Buchgesellschaft), Darmstadt
Einbandgestaltung der WBG-Lizenzausgabe:
Peter Lohse, Heppenheim
www.wbg-wissenverbindet.de
ISBN 978-3-534-25688-4

Elektronisch sind folgende Ausgaben erhältlich:
eBook (epub): ISBN 978-3-86312-896-8
eBook (epub): ISBN 978-3-534-26188-8 (für Mitglieder der WBG)